Jürgen Helfricht

Sächsisches Spezialitäten-Backbuch

Schlemmer-Rezepte von Dr. Quendt

Husum

Umschlaggestaltung unter Verwendung von Abbildungen aus dem Buch
Vorsatz/Nachsatz: Eberhard Schulze

Bibliografische Information der Deutschen Nationalbibliothek

Die Deutsche Nationalbibliothek verzeichnet diese Publikation in der Deutschen Nationalbibliografie; detaillierte bibliografische Daten sind im Internet über https://dnb.dnb.de abrufbar.

Für die aufwändige Anfertigung der abgebildeten Gebäcke und Fachberatung danken Autor und Verlag sehr herzlich Konditor Dr. Hartmut Quendt und Bäcker Carsten Silbermann von der Dr. Quendt Backwaren GmbH sowie den Bäckermeistern Chris Jentzsch und Thomas Johne von der BÄKO Ost eG.

Fotos/Repros: Archiv Dr. Quendt Backwaren GmbH (S. 132, 133, 134), Archiv Lambertz-Gruppe (S. 137), Jürgen Helfricht (S. 130), Christoph Reichelt Blickpunkt Studio 2 (S. 27–129), Holm Röhner (S. 135, 136); Zeichnungen: Eberhard Schulze; kleine Abbildungen (S. 27–129): Verlagsarchiv

13. Auflage 2025

Hersteller im Sinne der GPSR:
Husum Druck- und Verlagsgesellschaft mbH u. Co. KG
Nordbahnhofstraße 2, D-25813 Husum
www.verlagsgruppe.de – kontakt@verlagsgruppe.de
ISBN 978-3-89876-230-4

Vorwort

Der weltberühmte Dresdner Christstollen, die einzigartigen Leipziger Lerchen, Pulsnitzer Pfefferkuchen, Russisch Brot oder Luisentorte – nur einige von Dutzenden Gebäck- und Tortenspezialitäten, die Sachsen zum süßen Herzen Deutschlands machen. Weil seine Herrscher wahre Schlemmer, die „Kaffee-Sachsen" schon immer große Genießer und die einheimischen Bäcker herausragende Meister ihres Faches waren, wurde das Königreich der Wettiner bereits vor über 150 Jahren zum Mekka der Feinbackwaren. Dieser großartigen Tradition fühlen sich die Innungen der Zunft bis heute verpflichtet. In diesem Buch sind die Geheimnisse der 51 berühmtesten Spezialitäten aus dem Sachsenland vereint, laden sorgfältig illustrierte Rezepte zum Nachbacken, Probieren, Naschen ein. Ob Kaffee- oder Teegebäck, feine Kuchen, Torten, Blätterteig- und Plunderstücke oder Konfekt – die Juwelen der Bäcker- und Konditorenkunst wurden extra vom Dresdner Spezialitätenhersteller Dr. Quendt und der BÄKO Ost eG gesammelt, ausgewählt – damit die ursprüngliche Vielfalt handwerklicher Arbeit bewahrt bleibt. Tauchen Sie ein in die Geschichte des edlen sächsischen Naschwerks, schauen Sie in die Backstuben vergangener und heutiger Tage. Lassen Sie sich mit den teilweise erstmals publizierten Rezepten dieses Sächsischen Spezialitäten-Backbuches entführen ins Reich der Süßigkeit, erleben Sie den siebenten Kuchen-Himmel! Ein unverzichtbares Nachschlagewerk und köstliches Präsent aus Sachsen, das über Generationen Gaumenfreuden bringt.

Sachsen – das deutsche Kuchenmekka

Hintergründig lächelnd werden wir als „Gaffeesaggsen“ bezeichnet und man spottet sogar über die uns angeborene Leidenschaft, häufiger als andere leckere Gebäcke zu genießen. Wie einst der Hallenser Literaturprofessor Robert Eduard Prutz (1816–1872), der Sachsen als Land der Kuchenfresser beschimpfte. Doch der echte Sachse freut sich nur über so viel Popularität. Erkennt er doch darin auch etwas Neid gegenüber den Kuchen-Erfindern aus der Backstube Deutschlands und eine Hochachtung vor dem beispiellosen Variantenreichtum sächsischer Bäckerkunst. Konditoren, Pfefferküchler und Zuckerbäcker zwischen Bautzen, Chemnitz, Dresden und Leipzig waren schon immer die Meister des Ausprobierens köstlicher Kreationen. Aus ganz Europa übernahmen sie die besten und lukullischsten Rezepte, verfeinerten diese und schufen schließlich eine Vielzahl von Backwaren wie die Obstkuchen. Doch bis dahin war es ein weiter Weg, der bereits im Mittelalter begann.

Unser Bäckergewerbe im Mittelalter

Solange die Menschen in vereinzelten Gehöften lebten, war das Backen eine ausschließliche Beschäftigung der Frauen. Doch mit der Bildung von Dörfern kam es auch in die Hände des männlichen Dienstpersonals. Vor allem übernahmen jene, die mit dem Mahlen des Mehles beauftragt waren, die Brotherstellung mit Sauerteig. So werden in lateinischen Urkunden des 9. Jahrhunderts mit „pistores“ sowohl Bäcker als auch Müller bezeichnet. Neben Brot und Semmeln kannte man unter dem Namen Fladen ein breitgebackenes Gebäck aus Roggen- oder Speltmehl. Ebenso die in Fett gesottenen und mit Öl bestrichenen Pfannkuchen, die in alten Urkunden als „gesottenes Brot“ zu finden sind. Auch Brezeln verzehrte man. Die bedeutendsten Innovationen kamen im Mittelalter aus der Klosterbäckerei sowie den Hofhaltungen der Bischöfe und der Markgrafen von Meißen.
Hier wurde aus dem Brotbacken eine Backkunst, zu der dünne Kuchen gehörten, die man Plätzel oder Oblaten nannte. Dass dieses Handwerk in unserem Raum in hoher Blüte stand, bezeugt auch ein schriftlich fixierter Wunsch des Königs Wladislaw von Polen († 1102), der im Jahre 1087 den Erzbischof von Magdeburg um einen Bäcker mit Handwerkszeug bat.
Zu den ersten Innungen, die sich in sächsischen Städten gründeten, gehörten die der Bäcker. Sie erlangten rasch großen Einfluss, worauf die Urkunde des Bischofs Gerung von Meißen († 1170) aus dem Jahre 1154 schließen lässt. Dieser gestattete den zu jener Zeit nach Sachsen eingewanderten Kolonisten aus Flandern zwar untereinander den Brothandel. Doch zum Schutz der heimischen Bäcker war ihnen der öffentliche Brotverkauf untersagt.
Spätestens um 1230 gab es in Meißen Brotbänke – Zeichen einer zunftmäßigen Ordnung. Im Jahre 1481, als Meißen mit Vorstädten etwa 2000 Einwohner zählte, existierten neben 21 Schustern, 19 Fleischern, 16 Schneidern, 13 Schmieden, 11 Böttchern, sieben Tuchmachern, vier Kürschnern, vier Krämern und drei

Barbieren auch acht Bäcker. Von Freiberg ist bekannt, dass die Bäcker um 1307 Innungsrechte besaßen. Doch ein einst weltberühmtes Luxusgebäck, der Freiberger Bauerhase, soll schon im Jahre 1292 hergestellt worden sein. Urkundlich sind Bautzens Bäcker erstmals im Dingbuch des 14. Jahrhunderts nachweisbar. In Annaberg stiftete die Bäcker-Innung sogar den Pfingsten 1515 geweihten Prachtaltar der St.-Annenkirche – ein wundervoller Schnitzaltar aus Mittelschrein, Flügelpaar, Predella und Gesprenge.

Wichtig für die Bäckerei wurden kirchliche Fest- und Feiertage. So genoss man Fladen zum Oster- und Pfingstfest, Brezeln als Fastenspeise. Und vermutlich ist auch die Tradition, zur Weihnachtszeit Christstollen zu backen, uralt.

Der Papst und der Echte Dresdner Christstollen®

Historiker verfolgten den Weg des berühmten Christstollens, der in Sachsens Landeshauptstadt auch „Christbrod“, „Striezel“, „Strozel“ oder „Struzel“ genannt wurde, bis in das Jahr 1329 zurück.
Unter dem Begriff „Christbrod“ trat der Stollen als Fastengebäck erstmals im Jahre 1474 auf der Rechnung des christlichen Bartholomäus-Hospitals an den Dresdner Hof aus dem Dunkel der Geschichte heraus. Das edle Weihnachtsgebäck gehört zu den sogenannten Gebildbroten. Volkskundliche Deutungen sehen in dem mit feinem Zucker überpuderten Laib ein Symbol für das gewickelte Christkind.
Nach dem Dogma der Kirche durfte Stollen während der Zeit des Adventsfastens nur ohne Butter – lediglich aus Mehl, Hefe, etwas pflanzlichem Öl und Wasser – gebacken werden. Doch Ölbäume sind in Sachsen nicht kultivierbar und der Olivenöl-Import war eine teure Angelegenheit. Deshalb baten Herrscher aus der Dynastie der Wettiner den Papst um Lockerung der wenig genussvollen Vorschrift. Am 10. Juli 1491 hob Papst Innocenz VIII. (1432–1492) das Verbot von Butter und anderen Milchspeisen zur Fastenzeit für Herzog Albrecht von Sachsen (1443–1500) und seine Untertanen per Bulle Nr. 789 auf. Er verband den für 20 Jahre gültigen Erlass, welcher später verlängert wurde, mit Zahlung einer Buße. Dieses „Buttergeld“ kam u. a. dem Wiederaufbau der abgebrannten Stiftskirche zu Freiberg und der beim Stadtbrand am 15. Juni 1491 zerstörten Dresdner Kreuzkirche – der heute 800-jährigen Wirkungsstätte des weltberühmten Dresdner Kreuzchores – zugute.
Eine Urkunde von anno 1499 berichtet über die viel köstlicheren „Strutzelwahen“, für welche Dresdner Bäcker mit gutem Gewissen und Gottes Segen Butter und feine Zutaten wie Rosinen, Mandeln und Früchte verwenden durften.
Auch dem Dresdner Striezelmarkt – einem der ältesten deutschen Weihnachts-

märkte (seit 1434) – gab der Stollen bzw. eben der Striezel seinen Namen. Hauptware ist hier bis in unsere Tage der patentrechtlich geschützte (geographische Herkunftsangabe) „Echte Dresdner Christstollen“, den lediglich 98 Bäcker aus Dresden und der näheren Umgebung herstellen dürfen.
Dabei galten bis zum Ende des Dreißigjährigen Krieges 1648 eigentlich die Bäcker aus Torgau, Meißen oder Siebenlehn als Meister der Christstollenbäckerei. Auch im Erzgebirge, im Vogtland (hier auch mit Patentschutz) oder der Oberlausitz wird heute noch ein guter Stollen gebacken – aber eben nicht der Echte!
Vom 16. Jahrhundert bis zum Untergang der Monarchie 1918 waren die Dresdner Bäcker dem Oberhaupt der albertinischen Wettiner sogar auf besondere Art und Weise zinspflichtig. Acht Meister und Gesellen brachten dem König am zweiten

Weihnachtsfeiertag zwei Stollen von 1,50 Meter Länge und 36 Pfund Gewicht. Berühmtheit erlangte der Dresdner Christstollen aber erst durch seine einzigartige Qualität, insbesondere durch die Verarbeitung hochwertigster Zutaten. Früher in verzinnte Blechschachteln eingelötet, heute aromaversiegelt verpackt, erfüllt er bei Verwandten und Freunden auf der ganzen Welt Weihnachtswünsche, weckt Erinnerungen an Dresden, die sächsische oder gar die deutsche Heimat.

Schlemmer-Kurfürst August der Starke

Sowohl die in den heimischen Wäldern wildwachsenden Beerenfrüchte als auch die Äpfel, Birnen, Pflaumen, Kirschen und Aprikosen bester Güte aus den prächtigen Auen des Sachsenlandes inspirierten unsere Bäcker zu zahlreichen Obstkuchen-Kreationen. Für die Kultivierung des Obstes hat ein Monarch besonders viel getan, der zu Unrecht im Schatten des erst 144 Jahre später geborenen Friedrich August I., des Starken (1670–1733), steht: Kurfürst August (1526–1586)! Dieser Wettiner war ein echter fürstlicher Staatswirt, verfügte, dass jedes heiratende Paar einen Obstbaum zu pflanzen hatte. Auch seine erste Frau, Anna Prinzessin von Dänemark (1532–1585) – die Sachsen gaben ihr den Namen „Mutter Anna" –, erwarb sich große Verdienste bei der Bienenzucht sowie beim Obst- und Weinbau. Ihr Mundkoch Marx Rumpolt widmete der sächsischen Kurfürstin sein „New Kochbuch" von 1581. Dieses Prachtbuch enthält fast 2000 Rezepte aus Küche und Backstube, gilt als großartiges Werk der älteren kulinarischen Literatur.
Vom bereits genannten, viel berühmteren Barock-Genießer August dem Starken, der Kurfürst von Sachsen und König von Polen war, sind zahlreiche kulinarische Anekdoten überliefert.

So die Legende um die Meißner Fummel®. Weil die zwischen Dresden und Meißen reitenden Kuriere des Kurfürsten ungebührlich oft dem Elbtalwein zusprachen, deshalb aus dem Sattel fielen und sich nicht genehmigte Schlafpausen gönnten, soll August 1710 bei der Meißner Bäckerzunft ein zerbrechliches Gebäck in Auftrag gegeben haben. Dieses musste der Kurier dem Kurfürsten samt Depesche unzerstört überbringen. Urkundlich lässt sich eine „Fommel" jedoch erst 1747 nachweisen, die seitdem auf folgende Art und Weise hergestellt wird: 50 g Fett und 50 g Butter werden schaumig gerührt, mit Mehl und Salz ein fester Teig bereitet. Das Teigstück wird dünn und rund ausgetrieben, eine Hälfte mit Wasser oder Ei angefeuchtet, die andere Hälfte überschlagen und der Rand fest zusammengedrückt. Dann bläst man mit einem Strohhalm Luft ein und lässt alles bei mäßiger Hitze backen.
Im Gegensatz zur luftig-leichten „Meißner Fummel" steht ein anderes von August dem Starken in Auftrag gegebenes Gebäck: der anlässlich des Zeithainer Lagers 1730 gebackene „Riesenstollen", der hinsichtlich seiner Zutaten eigentlich ein gigantisches Weißbrot war! Im Sommer jenes Jahres veranstaltete der Sachsenfürst für Europas Herrscher ein wochenlanges militärisches Spektakel mit 30 000 Soldaten. Dafür wurde unweit von Riesa ein barockes Feldlager wie eine kleine Stadt errichtet. Und in dieser Stadt wurde auch ein überdimensional großer Ofen für den „Riesenstollen" gebaut. Mit hundert Helfern soll der Dresdner Bäckermeister Johann Andreas Zacharias darin ein 1,8 Tonnen schweres Festbrot gebacken haben. Aus 20 Zentnern Weizenmehl, 326 Kannen Milch und 3600 Eiern.
Man weiß von August, dass er alle Verführungen der höfischen Konditorkunst seiner Zeit mit Wonne genoss: Konfekt, Marzipan aus Mandeln, Pistazien und Rosenwasser, Torten aller Art ...
Die ausschweifende Schlemmerei des Feinschmeckers machte sich auch auf der Waage bemerkbar: 260 sächsische Pfund, rund 121 Kilogramm, wog der 1,76 Meter große Monarch laut Wiegebuch seiner Leibärzte auf dem Gipfelpunkt

kurfürstlich-königlicher Leibesfülle im Jahre 1712. Zweifellos verschlimmerte das maßlose Leben seine Zuckerkrankheit in späteren Lebensjahren.
Als er zur Leipziger Messe im Frühjahr 1696 erstmals eine Tasse Kaffee genoss, dachte allerdings noch niemand an das leidvolle Ende des Herkules Saxonicus. Vermutlich ist diese erste Tasse Kaffee des Sachsen-Herrschers auch nur eine Legende. Denn in Paris und Venedig dürfte er den Türkentrank auf seiner Kavalierstour schon lange vorher gekostet haben. Real ist allerdings Augusts „Golden Coffee Zeugk" in Sachsens Schatzkammer-Museum Grünes Gewölbe. Goldschmied Johann Melchior Dinglinger (1664–1731) schuf dieses teuerste Kaffee-Service der Welt in seinem Auftrag u. a. aus Gold, Silber, Email, Elfenbein und Diamanten: 45 Tee- und Kaffeetassen, Schalen, Flakons, zweihenklige Koppchen und die mit weiblichen Phantasieporträts und Tieren verzierte Kanne thronen auf der rund einen Meter hohen pyramidenförmigen Etagere. Die Anfertigung des Königsgeschirrs nahm drei Jahre in Anspruch, kostete August stolze 46 000 Taler.

Leipzigs „Arabischer Coffee Baum" und andere Kaffeehäuser

Der betörende Duft von Kaffee und frischem Gebäck wehte am Anfang des 18. Jahrhunderts nicht nur dem Hochadel um die Nase. Zunehmend auch dem städtischen Bürgertum. Daran erinnert bis heute das Kaffeehaus „Zum Arabischen Coffee Baum" in Leipzig – einer der ältesten erhaltenen Kaffeetempel der Welt. Das Gebäude wurde bereits um 1500 erbaut, der Ausschank wohl erst 1694 begründet. Ab 1718 erhielt das barocke Bürgerhaus auf alten Grundmauern seine heutige Gestalt. Vor allem die berühmte Portalplastik über der Eingangstür samt dem Osma-

nen mit der großen Kaffeekanne stammt aus jener Zeit. Ein kleiner Amor reicht dem schnurrbärtigen Muselmann mit Turban ein „Schälchen Heeßen“.
Thomaskantor Johann Sebastian Bach (1685–1750) komponierte vielleicht sogar hier seine berühmte Kaffeekantate.
Der „Kaffeebaum“ – so fand die berühmte Wirtschaft Eingang in den alltäglichen Sprachgebrauch – fand viele Nachahmer: die Kaffeehäuser von Zimmermann und Richter, Café Gesswein, wo Student Johann Wolfgang von Goethe (1749–1832) von der lockigen Schönheit Käthchen Schönkopf (1746–1810) verzaubert wurde, oder Händels Kuchengarten ...

Neben Leipzig darf man Dresden nicht vergessen. Von den Residenz-Sachsen heißt es nämlich, dass sie „Bliemchenkaffee“ zum Kuchen trinken. Damit meint man einen besonders dünnen Bohnenkaffee. Doch das ist eine Legende. Die Wortschöpfung stammt aus der Mitte des 18. Jahrhunderts. Damals goss man den heiß gebrühten Kaffee zum Abkühlen noch in die Untertassen. Diese waren nicht so flach wie heute, ähnelten Schälchen. Und trugen Blumendekore, die durch den geringen Flüssigkeitsstand sichtbar blieben.
Über Dresdens erste Konditoreien und Kaffeehäuser hat Hermann Günter Meynert (1808–1895) im Jahre 1833 manches mitgeteilt: Meist junge Gelehrte und Offiziere zählten zu den Gästen, die Spritzkuchen und Windbeutel genossen. Die berühmteste und eleganteste Konditorei war das vom Schweizer Zuckerbäcker August Baldini am Altmarkt errichtete „Café d'Europe“, das auf der Brühlschen Terrasse eine Dependance besaß. Konditor Richard Watzau betrieb in der Neustädter Allee die „Grüne Bude“. Am Eingang der Seegasse luden „Valentin und Comp.“ ein. Konditor Jouvenal fand man in der Schlossgasse, seinen Kollegen D'hame in der Frauengasse. Die Engelhard'sche Konditorei empfing genussfreudige Gäste in der Pirnaischen Gasse, die Orlandische im Jüdenhof.

Wie Sachsen zum Kuchenland wurde

Spätestens zur Mitte des 19. Jahrhunderts wurden aus heimischen Brot- und Brötchenbäckern die kreativsten Kuchen-Erfinder und Sachsen zu einem Mekka der Feinbackwaren.
Schon lange stellte der Bäcker neben Brot und Semmeln z. B. auch Rosinenweckchen, Dreierbrötchen, Kroll-Kuchen (aus Mehl, Zucker, Eiern, Wasser), Zucker-Strauben (aus Eiern, Zucker, Mehl und Butter), Käß-Fladen (aus Blätterteig und Käse) oder Königs-Biskuit (aus Zucker, feinstem Mehl und Eiern) her.

In einzelnen Regionen Sachsens kannte man spezielle Traditions-Gebäcke wie den Chemnitzer Mohnkranz, den Dresdner Schuster, die Dresdner Zeilensemmel und das Dresdner Reformationsbrot, den Erzgebirgischen Niklaszopf, den Freiberger Bauerhasen, die Herrnhuter Brezeln und Schmätzchen, die Leipziger Salz- und Heißwecken und den Leipziger Hefenaschkuchen, die Meißner Fummel, die Oberlausitzer Schießsemmel (ein Volksfest-Gebäck), die Patensemmel (als Gabe der Taufpaten), das Torgauer Kreuzbrot (ein Opfergebäck) und das Torgauer Sparbrötchen (zur Erinnerung an Notzeiten), die Vogtländer Wasserstöckel oder die Zwickauer Osterbrezeln.
Dresden hatte einen hervorragenden Ruf durch seine Buttergebäcke, speziell den Dresdner Christstollen. Aber auch bei einfachen Gebäcksorten gab es eine ganze Reihe von Spezialitäten, von denen die Dresdner Franzsemmel am bekanntesten geworden ist.
Das Kleingebäck, zu dem auch Spieß-Kuchen, Mörser-Brod, Gedult-Zeltlein, Hirsch-Hörner oder Mandel-Spuhlen zählten, gehörte aber nur bedingt zum Aufgabengebiet des gewöhnlichen Bäckers. Soweit es nicht Domäne des Zuckerbäckers war, befasste sich der qualifizierte Pasteten-Bäcker damit.
Zuckerbäcker war damals ein auf die Herstellung von Marzipan, Konfekt, Konfitüren und eingemachten Früchten spezialisierter Berufszweig. Am ehesten entspricht er dem heutigen Konditor. Sein Hauptunterschied zum Brot-Bäcker lag in der Beschaffenheit des Ofens, der nur geringe Hitze zum gemächlichen Backen oder Trocknen benötigte. Und statt Mehl verarbeitete er vor allem Zucker. Für diesen bezahlte man noch zum Ende des 17. Jahrhunderts so viel Geld, dass nur reiche Haushalte von ihm Gebrauch machten. Da Zucker als Arzneimittel gegen Husten und andere Beschwerden der Atmungsorgane galt, wurde er auch beim Apotheker verkauft. Importierter Rohrzucker kam als Zuckerhut auf den Markt. Besonders teuer verkauft wurde der „Cannarien-Zucker“ von den Kanarischen Inseln, preiswerter der aus Malta importierte Melis-Zucker.
Zur Mitte des 19. Jahrhunderts bewirkten mehrere Faktoren eine Revolution im

Bäckereigewerbe. Einerseits fiel der Zuckerpreis durch die industrielle Herstellung von Rübenzucker aus der Runkelrübe. Andererseits kamen im Zuge der Industrialisierung massenhaft Dörfler als Arbeiter in die Städte. Mit der schrittweisen Hebung ihrer Kaufkraft wollten sie auch an den Genüssen des Lebens teilhaben und belebten das Geschäft der Bäcker. Die Konditoreiwaren entwickelten sich so vom Luxus- zum Bedarfsartikel.
Speziell in Sachsen wirkte sich noch ein Steuerschlupfloch begünstigend aus, das am Beispiel der Leipziger Stadtbäcker belegt ist. Diese mussten zwar auf Brot und Semmeln eine Taxe zahlen. Der Verkauf von Kuchen und dergleichen war ihnen jedoch steuerfrei erlaubt. Diese Steuererleichterung hatte historische Gründe. Von alters her betrachtete man Kuchen als einen Luxusartikel, der nur ausnahmsweise vom Bäcker angefertigt wurde und den nur wenige wohlhabende Leute kauften. Die gewöhnliche Bevölkerung ließ sich höchstens an hohen Festtagen aus selbst bereitetem Teig einen Kuchen für geringes Geld in des Bäckers Ofen backen.
Im Laufe der Zeit kitzelten nun Sachsens Stadtbäcker mit Raffinesse und großem Erfindungsreichtum durch immer neue delikate Kuchenschöpfungen die Gaumen ihrer Kundschaft. Dabei wurden aus Bäckern Konditoren und es entstanden so feine Kuchen und Gebäcke wie die Dresdner Eierschecke. Letztere existiert sogar in einer Freiberger Variante ohne Quark. Dazu kamen Torten, Blätterteig- und Plunderstücke, Rührkuchen und Küchlein, Kaffee- und Teegebäck. Gesellen brachten aus ganz Europa Rezepte mit, die man verfeinerte, den sächsischen Geschmacksgewohnheiten anpasste. Das Backen des gewöhnlichen Roggenbrotes geriet dabei immer mehr in den Hintergrund, wurde vor allem von den nicht privilegierten Dorfbäckern betrieben.
Bei aller Kuchenromantik darf man auch nicht die damaligen Arbeits- und Lohnbedingungen der Gesellen, Hilfsarbeiter und Arbeiterinnen vergessen. Teilweise bis zum Anfang des 20. Jahrhunderts waren 12 bis 16 Stunden Arbeit ohne einen wöchentlichen Ruhetag bei geringstem Lohn, Kost- und Logiszwang normal.

Die Pfefferkuchen-Stadt Pulsnitz

Neben dem Bäckergewerbe, der feineren Zuckerbäckerei und späteren Konditorei hatte sich bereits im Mittelalter ein weiteres Gewerbe gebildet: die Lebzelterei, auch Lebküchlerei bzw. Pfefferküchlerei genannt. Wurde das Backen von Honigkuchen ursprünglich in Klöstern praktiziert, fand es später auch Eingang im städtischen Zunft- und Innungsgeschehen.

Zu den frühesten heimischen Pfefferkuchenteig-Produkten wird der Freiberger Bauerhase gezählt. Einst war es ein an vielen Fürstenhöfen geschätztes Gebäck, das man weithin verschickte. Der Sage nach stellte es erstmals ein schlauer Koch namens Bauer anlässlich eines Gastmahls des Markgrafen Friedrich des Freidigen (1257–1323) im Jahre 1292 als Festgebäck her. Um dem damaligen Abt Bruno vom Barfüßerkloster zu Freiberg, der gegen den echten Wildbret-Hasenbraten zur Fastenzeit protestiert hatte, einen Streich zu spielen, erhielt diese Köstlichkeit die Form eines Hasen. Der Freiberger Konditor Bernd Hartmann stellt sie heute allerdings als Hefegebäck her, spickt den mit Fondant-Glasur überzogenen, etwa fünf Zentimeter hohen Hasen aber wie früher mit Mandeln.

Zu den Städten, die die besten Lebkuchen machten, zählte man neben Nürnberg, Breslau, Thorn, Danzig und Braunschweig schon vor Jahrhunderten das sächsische Pulsnitz. Wie lange genau hier die Pfefferküchlerei zu Hause ist, weiß niemand. Der früheste schriftliche Nachweis ist ein Privileg aus dem Jahre 1558. Aus der zweiten Hälfte des 17. Jahrhunderts sind die Pfefferküchler-Familien Ziegenbalg, Deuffel und Großmann namentlich bekannt. Um 1745 brachte der Pulsnitzer Tobias Thomas von der Walz aus dem preußischen Thorn viele Anregungen mit und führte das Handwerk zu neuer Blüte. Pulsnitzer Pfefferkuchen werden seitdem auf Märkten in Sachsen verkauft und in viele Länder versandt. Es ist faszinierend, wie in dieser kleinen Stadt fortan dieses Gewerbe einen hohen Spezialisierungs-Grad erzielte. 1939 existierten noch 39 Küchlereien.

Eine fast 140-jährige Tradition begann 1824 auch in Wildenfels, die wohl 1925 mit sieben Küchlereien ihren Höhepunkt erreichte. 1963 gab jedoch der Letzte sein Gewerbe auf.
Heute ist Pulsnitz die einzige Stadt in der Bundesrepublik Deutschland, in der das Pfefferküchler-Handwerk in jahrhundertealter Manier arbeitet und Lehrlinge ausbildet, es existieren acht Handwerks- und ein Industriebetrieb.
Darüber hinaus findet man in Weißenberg das europaweit einzigartige Museum „Alte Pfefferküchlerei“, in dem Gegenwart und Geschichte dieses Handwerks lebendig werden.

Berühmte Residenz-Konditoreien bis 1945 in Elbflorenz

Hinterfragt man den Erfolg der Dresdner Bäcker und Konditoren, so war es vor allem der hohe Anspruch an die Mehlqualitäten. Dieser zeichnete sie einst vor anderen im mitteldeutschen Raum aus. In der Vorkriegszeit gehörte beim Besuch des alten Dresden mit Katholischer Hofkirche, Frauen- sowie Sophienkirche, Zwinger, Gemäldegalerie oder Dampfschifffahrt unbedingt auch die Stippvisite in einer der berühmten Residenz-Konditoreien dazu. Ihre süßen Geheimnisse weckten seit Generationen Sehnsucht. Nach Zucker und Liebesersatz, nach Konfekt und den Verführungen sächsischer Backkunst.
Von den fast 50 Kaffeehäusern, den 22 Wiener Cafés und 36 Konditoreien, die bis 1945 in Dresden existierten, seien hier einige der Bekanntesten genannt: Café-Konditorei Berger (Seestraße 15), Café Central (Schössergasse 1, Schlossstraße 2, Altmarkt 2/3), Kaisercafé (Wiener Platz), Residenzcafé (König-Johann-Straße 2), Café Bretschneider (im Großen Garten), Café Stolzenfels (Käufferstraße 6), Café Maximilian (Moritzstraße 19/Ringstraße), Café Schmorl (Wilsdruffer Straße), Konditorei-Café Hülfert, Café Rumpelmayer und Konditorei Limberg (alle drei Prager Straße) oder Café König mit der Königsdiele im ersten Stock an der Waisenhausstraße 15, wo täglich Dutzende Zeitungen auslagen, die beliebte Kapelle Orlow spielte.
Das Theatercafé Wünsche auf der Marienstraße 5 empfing über zwei Etagen Gäste bis nachts 1 Uhr. Als Stammcafé vieler Dresdner Künstler, Schriftsteller, Schauspieler, Mediziner und Juristen besaß es einen Lift. Es gab vier Ober, drei Buffetösen, sieben Konditoren, zwei Lehrlinge und fünf Gehilfen. Hier wurden die feinsten Mokka- und Geleetorten gebacken, konnte man Aprikosen- und Zitronencreme-Törtchen, Dessertschnitten, Prasselkuchen, Schillerlocken, Streu-

sel- und Baumkuchen, Dresdner Eierschecke sowie Marzipan-Rosen und von kunstfertigen Händen aus diesem Zuckerwerk modellierte Bananen, Äpfel und Apfelsinen schlemmen.

Legendär war die Café-Konditorei Kreutzkamm mit Beletage am Altmarkt 14. Der aus Quedlinburg stammende Heinrich Jeremias Kreutzkamm (1799–1850) war mit 25 Jahren nach Dresden gekommen und bat am 16. März 1825 um die Erteilung des Bürgerrechts und der Konzession zum Betrieb eines Konditorei-Geschäfts. Seinem Sohn Heinrich Julius Kreutzkamm (1826–1915) verlieh Kronprinz Albert von Sachsen (1828–1902) erstmals 1867 den Titel eines „Hof-

konditors Seiner Königlichen Hoheit“. Als Albert 1873 den Sachsenthron bestieg, wurde Kreutzkamm „Königlicher Hofkonditor“. Ebensolche Ehre wurde ihm vom späteren König Georg von Sachsen (1832–1904) zuteil. 1891 übernahm Max Kreutzkamm (1855–1926) das Geschäft. Ihn ernannten die Könige Albert und Friedrich August III. (1865–1932) zum „Königlichen Hoflieferanten“. Sein Sohn Fritz (1902–1981) folgte ihm in der Geschäftsführung. Die im Inferno 1945 zerstörte Traditions-Konditorei führt heute am Altmarkt 25 (Altmarkt-Galerie Dresden) Tochter Elisabeth Kreutzkamm-Aumüller (geb. 1967) fort.
Es verwundert nicht, dass die in Dresden einst vereinte Backkompetenz auch die Wege zur Eröffnung einer internationalen Konditorei-Fachschule ebnete. Zum Anfang des 20. Jahrhunderts wurde sie vom sächsischen Konditormeister und Lehrer J. M. Erich Weber (1885–1961) in der Karl-May-Stadt Radebeul gegründet. In seinem privaten Fachverlag erschienen mehrsprachige und prächtig illustrierte Back-Standardwerke, nach denen noch heute Konditoren-Meister in ganz Europa arbeiten.

Das heutige Bäcker- und Konditoren-Handwerk

Heute verwöhnen in Sachsen noch 871 Bäckereien und Konditoreien mit etwa 13 900 Beschäftigten ihre Kundschaft. Dabei reicht die Palette von der kleinen Familien-Bäckerei, wo der Meister als Einziger in der Backstube steht, bis zu Firmen mit 300 Mitarbeitern. Als weltweiter Exporteur erlesener sächsischer Köstlichkeiten in über 145-jähriger Tradition zählt die Dr. Quendt GmbH & Co. KG zu den bekanntesten Unternehmen der Branche.
Wichtiger Interessen-Vertreter der Bäcker, Konditoren und Pfefferküchler sind

ihre Innungen. Der 1990 wieder gegründete Landesinnungsverband Saxonia zählt 470 Betriebe in 13 Innungen als Innungsbetriebe. Er führt die 1937 gegründete Akademie Deutsches Bäckerhandwerk Sachsen e. V., die seit 1999 ihren Sitz in Dresden hat.

Den Original Dresdner Christstollen® dürfen allerdings nur 98 Stollen-Bäckereien und -Konditoreien aus Dresden sowie einer klar definierten Umgebung um die Landeshauptstadt Sachsens backen sowie in den Verkehr bringen. Sie werden seit 1991 vom Schutzverband Dresdner Stollen e. V. vertreten, welcher Inhaber der Gemeinschaftsmarke „Dresdner Christstollen" in der Europäischen Gemeinschaft ist. Beim Deutschen Patentamt ist der Dresdner Christstollen® mit mehreren Wort- und Bildmarken sowie als geographische Herkunftsangabe als geschütztes Produkt eingetragen.

Etwa 390 Handwerks-Betriebe in Sachsen und Brandenburg werden durch die Bäcker- und Konditorengenossenschaft BÄKO Ost eG mit Backrohstoffen, Verbrauchsmaterial, Maschinen und Serviceleistungen beliefert und unterstützt. Diese blickt auf eine über 115-jährige Tradition zurück. Damals wollten sich kluge Bäcker und Konditoren von der Preistreiberei des Großhandels und der Industrie unabhängig machen, ließen 1906 beim Königlichen Amtsgericht ihre „Einkaufs-Genossenschaft der Bäcker-Innung zu Dresden" registrieren.

Rezepte

Feine Torten und Sahnestücke

Zutaten für eine Torte:

Mürbeteigboden

140 g	Weizenmehl
70 g	Butter
40 g	Zucker
1	Ei
1 Gl.	Konfitüre

Biskuitboden

70 g	Weizenmehl
40 g	Butter
90 g	Zucker
3	Eier

Quark-Sahne

600 ml	Sahne
200 g	Speisequark
70 g	Zucker
24 g	Sahnesteif

Altenburger Quarksahnetorte

Für den Mürbeteigboden Butter mit Zucker und Ei schaumig rühren, Mehl kurz unterkneten, kühl stellen. Kalten Teig auf Tortenring-Größe (Springform 28 cm) ausrollen, ausstechen und im vorgeheizten Backofen zehn Minuten bei 180 Grad backen. Für den Biskuitboden Eier mit Zucker zuerst warm und dann nochmals kalt aufschlagen, danach gesiebtes Mehl vorsichtig unterheben, zuletzt zerlassene Butter unterrühren. Im Tortenring auf mit Backpapier belegtem Blech im vorgeheizten Ofen 15 Minuten bei 190 Grad backen. Mürbeteigboden mit Konfitüre bestreichen, darauf Biskuitboden im Tortenring legen. Sahne schlagen, zum Schluss Zucker, Sahnesteif sowie glatt gerührten Quark unterziehen, in Tortenring füllen, kalt stellen. Nach Erstarren kann mit Gelee oder beliebigen Früchten garniert werden.

Altenburg

Seit 1307 zum wettinischen Besitz sächsischer Kurfürsten und Herzöge zählend, wurde die erstmals 976 erwähnte Stadt Altenburg 1920 und zuletzt 1990 in den Freistaat Thüringen eingegliedert. Auch wenn dies viele Sachsen sehr bedauern, zählen sie die in der deutschen Skat-Metropole erfundene Quark-Sahne-Torte weiterhin zu ihren ureigenen Spezialitäten.

Zutaten für eine Torte:

Biskuitboden

70 g	Weizenmehl
90 g	Zucker
40 g	Butter
3	Eier

Kirschmasse

600-ml-Glas entsteinte Sauerkirschen abtropfen

3 Tl.	Speisestärke

Kirschsahne

500 ml	Schlagsahne
60 g	Zucker
20 g	Sahnesteif
50 g	Johannisbeer-marmelade

Dazu 16 Belegkirschen oder kandierte Kirschen, Schokospäne

Chemnitzer Kirschsahnetorte

Als Schwarzwälder Kirschtorte wurde diese Leckerei 1934 weltweit erstmals vom Direktor der internationalen Konditoreifachschule Dresden-Radebeul J. M. Erich Weber (1885–1961) in seinem Lehrbuch „250 Konditorei-Spezialitäten und wie sie entstehen“ erwähnt. Die Idee zu dieser Kreation, die heute als klassischste deutsche Torte gilt, stammt aber vermutlich aus der Schweiz. Schon seit den 1930er Jahren bieten sie Chemnitzer Konditoren an.

Biskuitboden analog Altenburger Quark-Sahnetorte herstellen. Nach dem Auskühlen aufschneiden, mit Johannisbeermarmelade füllen. Aus Kirschsaft und Speisestärke klumpenfreien Pudding kochen, entsteinte Kirschen unterziehen. Davon 5 El. wegnehmen, mit Mixstab zum Abschmecken der Kirschsahne zerkleinern. Großteil des Kirschpuddings auf Biskuitboden auftragen, Tortenring überstülpen, mit abgeschmeckter Schlagsahne (wie Altenburger Quarksahnetorte schlagen) füllen. Nach Absteifen Tortenring ziehen, mit Schokospänen und kandierten Belegkirschen dekorieren.

Zutaten für einen Kranz:

Sandkuchen

100 g	Butter
80 g	Zucker
50 g	Weizenpuder
50 g	Weizenmehl
2	Eier
½ Pk.	Backpulver

Füllcreme

500 ml	Milch
300 g	Butter
150 g	Puderzucker
40 g	Zucker
1 Pk.	Puddingpulver

Dekor

100 g	Mandeln (gehackt) mit
30 g	Zucker abrösten und
30 g	Semmelbrösel mischen
	Schlagsahne
	Belegkirschen

Dresdner Kaffeekranz

Die Köchin einer Dresdner Bankiers-Familie, die früher in Frankfurt/Main in Stellung war, soll diese wenig aufwändige Schlemmerei vor über 150 Jahren dem Frankfurter Kranz nachempfunden haben. Bis 1945 wurde der Dresdner Kaffeekranz in so bekannten Residenz-Konditoreien und Cafés wie Schmorl, Stolzenfels oder Kreutzkamm angeboten.

Sandkuchen wie Sächsische Bäbe, jedoch ohne Hefe, herstellen. In Gugelhupfform (20 cm) im vorgeheizten Backofen bei 190 Grad 30 bis 40 Minuten backen und auskühlen. Danach zweimal horizontal unterteilen. Für die Füllcreme zunächst aus Milch, Puddingpulver und 40 g Zucker den Pudding kochen und kalt rühren. Dann Butter und fein gesiebten Puderzucker schaumig rühren, unter den Pudding mischen. Den Sandkuchen mit der Füllcreme füllen und mit abgerösteten Mandeln dekorieren. Nach Belieben mit Schlagsahne und Belegkirschen garnieren.

Zutaten für etwa 12 Stück:

Mürbeteigboden
70 g Weizenmehl
35 g Butter
20 g Zucker
1 Eigelb
Johannisbeerkonfitüre

Biskuitboden
70 g Weizenmehl
40 g Butter
90 g Zucker
2 Eier
75 g Zucker

Sahne-Schichten
600 ml Sahne
75 g Zucker
24 g Sahnesteif
100 g Erdbeeren
50 g Kakao
1 Vanilleschote

Dekor: Kakaopulver, Schokostreusel, Erdbeeren

Fürst-Pückler-Schnitte

Ein luxusverwöhnter Adliger, der als Abenteurer, Casanova, begabter Autor und Gartenarchitekt in die Geschichte einging, verlieh seinen Namen einem Eis und diesem Kuchen: Hermann Ludwig Heinrich Fürst von Pückler-Muskau (1785–1871)! Von Bad Muskau und Branitz aus trat dieses Naschwerk den Siegeszug durch Sachsens Backstuben und Küchen an.

Mürbe- und Biskuitteig, wie unter Altenburger Quark-sahnetorte beschrieben, herstellen. Den Mürbeteig vier Millimeter dick ausrollen, nach dem Backen mit Johannisbeerkonfitüre bestreichen. Biskuitboden in Größe des Mürbeteigs herstellen und auflegen. Dann in der Reihenfolge Schoko-, Erdbeer- und Vanillesahne herstellen (aus je 200 ml Sahne, 25 g Zucker und 8 g Sahnesteif zuzüglich der farb- und geschmackgebenden Zutat). Schichtweise auftragen und kühl stellen. Zum Schluss mit Kakaopulver, Schokostreusel und Erdbeeren dekorieren und in Tortenstücke o. rechteckig (Foto) aufschneiden.

Zutaten für eine Torte:

Boden

200 g	Weizenmehl
125 g	Zucker
125 ml	Milch
100 g	Butter
2 El.	Weizenstärke
6 El.	frisch gebrühter Kaffee
½	Tüte Backpulver
4	Eier

Füllcreme

125 ml	Milch
3 El.	Schoko-Puddingpulver
70 g	Butter
2	Eigelb
3 El.	Haselnüsse (gehackt)

Glasur · Dekor

200 g	Puderzucker
30 g	Butter
2 El.	Kakao
2 El.	Wasser
16	Schokoladen blättchen

Leipziger Kaffeetorte

Leipzig mit seiner Weltoffenheit, der jahrhundertealten Messe und der 1409 gegründeten Universität ist schon lange die heimliche Hauptstadt Sachsens. Und so verwundert es nicht, dass heimische Konditoren-Meister spezielle Torten für ihre Stadt kreierten. So entstand im Herzen des Landes der Kaffeesachsen auch die lukullische Leipziger Kaffeetorte.

Boden 12 Stunden vorher backen. Eier trennen, Eiweiß mit Zucker zu Schnee schlagen, Butter mit Eigelb, Milch, Kaffee schaumig rühren, gesiebte Stärke, Mehl, Backpulver langsam unterrühren. Zum Schluss steifen Eiweißschaum unterheben, Masse in gefettete, mit Semmelbrösel bestäubte Springform (28 cm Durchmesser) geben, bei 190 Grad im vorgeheizten Ofen 30 Minuten backen. Nach Erkalten aufschneiden. Für die Füllung zuerst aus Milch und Puddingpulver Pudding kochen. Butter mit Eigelb schaumig rühren, dann Pudding und gehackte Nüsse unterheben, einige Löffel von der Creme für die Dekoration abnehmen, den Rest auf Tortenboden gleichmäßig verteilen. Torte mit Glasur einstreichen, mit Schokoladenblättchen verzieren.

Zutaten für eine Torte:

Mürbeteigboden

70 g	Weizenmehl
70 g	Butter
40 g	Zucker
1	Ei

Biskuitboden

70 g	Weizenmehl
40 g	Butter
90 g	Zucker
3	Eier

Nuss-Sahne

1400 ml	Sahne
150 g	Zucker
56 g	Sahnesteif
250 g	Haselnüsse (gehackt, geröstet)

Dekor

300 g	Rohmarzipan
100 g	Puderzucker
16	ganze Hasel- und
16	Walnüsse
	Schokospäne

Luisentorte

Mürbeteigboden wie bei Altenburger Quarksahnetorte (Springform 28 cm) und Biskuitboden wie bei Torgauer Kirschrolle (Backblech 30 x 40 cm) herstellen. Sahne steif schlagen, gegen Ende Zucker, Sahnesteif sowie die gehackten Haselnüsse unterheben. Ca. $^2/_3$ der Nuss-Sahne auf dem Biskuitboden verteilen, in fünf Zentimeter breite Streifen schneiden und zu Rouladen aufrollen. Diese auf dem Mürbeteigboden aneinander reihen, bis dieser bedeckt ist. Einige Löffel für die Verzierung beiseite stellen, den Rest auf die Torte streichen mit der restlichen Nuss-Sahne einstreichen und der kreisförmig ausgerollten Marzipanmasse (zuvor mit Puderzucker angewirkt) eindecken (Ausrollfolie benutzen). Torte wie abgebildet garnieren.

Luise von Toscana

Sie war eine Prinzessin der Herzen, sollte Königin von Sachsen werden: Luise von Toscana (1870–1947). Im Jahre 1891 wurde die geborene Erzherzogin von Österreich mit dem späteren Sachsen-König Friedrich August III. (1865–1932) vermählt. Doch nach skandalträchtiger Liebesflucht mit dem Sprachlehrer ihrer Kinder durch halb Europa blieb 1903 nur die Scheidung. Die Untertanen liebten sie trotzdem, benannten diese Torte nach ihr.

Zutaten für etwa 25 Spitzen:

Baumkuchenmasse

170 g	Zucker
150 g	Butter (weich)
70 g	Weizenstärke
60 g	Weizenmehl
50 g	Marzipanmasse
8	Eier (getrennt)
	Zitronenschale (gerieben)

Füllcreme

200 g	Sahne
100 g	Kuvertüre (halbbitter)
100 g	Nougat
1 El.	Zucker
1 El.	Butter
1	Eigelb

Überzug

300 g	Kuvertüre (halbbitter)
40 g	Mandeln (gehackt)

Oberlausitzer Baumkuchenspitzen

Butter und Marzipan schaumig rühren, Eigelb und Mehl sowie Stärke und Zitronenschale nach und nach unterrühren. Eiweiß mit Zucker (in kleinen Portionen zugeben) schlagen. Steifen Eiweißschaum unter Buttermix heben. Ein Fünftel der Baumkuchenmasse auf ein mit Backpapier belegtes Blech gleichmäßig auftragen, bei 180 Grad Oberhitze etwa vier bis fünf Minuten anbacken. Dies ca. vier Mal wiederholen, bis die Masse alle ist. Die Baumkuchenplatte sollte nach Auskühlen feucht sein, sie wird gedrittelt. Jedes Drittel mit Füllcreme bestreichen, zusammensetzen. In Spitzen schneiden, mit Kuvertüre überziehen und mit Mandeln verzieren. Füllcreme ca. acht Stunden vorher zubereiten. Dafür Sahne und Zucker auf 50 Grad erwärmen, kleingewürfelte Kuvertüre und Nougat darin aufschmelzen, abkühlen und dann bei 35 Grad Butter nebst Eigelb unterrühren, kühlen.

Baumkuchen

Als König der Konditorei lässt sich der Baumkuchen 500 Jahre bis zu den Spießkuchen der Klosterküchen zurückverfolgen. Aber erst Ende des 18. Jahrhunderts fand er Eingang in die Rezeptbücher der Konditoren. Schicht für Schicht wird feine Sandkuchenmasse auf eine Walze aufgetragen, welche sich bei kleinem Feuer dreht. Eine Sonderform ist die Baumkuchenplatte, die in der Oberlausitz Tradition hat. Sie ist Basis für die köstlichen Baumkuchenspitzen.

Zutaten für etwa zehn Stück:

Biskuitboden

70 g	Weizenmehl
90 g	Zucker
40 g	Butter
3	Eier

Kirschsahne

400 ml	Schlagsahne
50 g	Zucker
16 g	Sahnesteif
40	Sauerkirschen (entsteint)

Torgauer Kirschrolle

Ein Torgauer Bäcker, dessen Sauerkirschbäume hervorragend trugen und der seine Kundschaft mit einem neuen Gaumenschmaus verführen wollte, soll als Erster so eine Kirschrolle angeboten haben. Und weil es die Sachsen beim Schnabulieren gern spannend mögen, findet das Innenleben dieses Kuchens seit 80 Jahren viele Nachahmer.

Eier sorgfältig trennen, Eigelb mit einem Drittel des Zuckers im Wasserbad cremig schlagen, Mehl darübersieben und zerlassene Butter gut unterrühren. Eiweiß mit dem Rest des Zuckers steif schlagen und unter die cremige Masse heben. Biskuitmasse auf einem mit Backpapier belegten Backblech (30 x 40 cm) gleichmäßig dünn verteilen, etwa 15 Minuten im vorgeheizten Backofen bei 190 Grad backen. Sahne steif schlagen, gegen Ende den Zucker sowie Sahnesteif zugeben. Sahne gleichmäßig auf den Biskuitboden auftragen, die Kirschen darauf verteilen, zu einer Roulade zusammenrollen, mit Puderzucker besieben und in Scheiben schneiden.

Zutaten für etwa 20 Stück:

Hefeteig

400 g	Weizenmehl
150 g	Butter
80 g	Zucker
50 g	Butterschmalz
170 ml	Milch
15 g	Bittermandelgries
50 g	Zitronat
40 g	Hefe
50 g	süße Mandeln (gehackt)
250 g	Pellkartoffeln
200 g	Rosinen

Zum Bestreuen

60 g Zucker (mit etwas Zimt)

Erzgebirgischer Ardäppel- oder Kartoffelkuchen

Für den schweren Hefeteig im Mehl eine Kuhle drücken und aus der angewärmten Milch, der Hefe und etwas Mehl einen leichten Teig bereiten, am warmen Ort 30 bis 40 Minuten gehen lassen. Danach die restlichen Zutaten (außer Rosinen und Kartoffeln) einarbeiten und Teig weitere 30 Minuten ruhen lassen. Zum Schluss die feine Kartoffelmasse (tags zuvor als Pellkartoffeln gekocht, durch Kartoffelpresse oder Sieb gedrückt) nebst Rosinen einarbeiten, auf Backblech (30 mal 40 cm) ausrollen und mit Gabel stippen. Im vorgeheizten Ofen bei 190 Grad ca. 25 Minuten backen und mit Zimtzucker bestreuen.

Kartoffeln im Erzgebirge

Die ersten Kartoffelbauern Deutschlands, die Vogtländer, brachten die Kunde von der nahrhaften Knolle ins Erzgebirge. Hier entstand der Ardäppel-Kuchen, der auch bei der Annaberger Kät, dem größten Volksfest (14 Tage nach Pfingsten), nicht fehlt. Im Dresdner Elbtal baute um 1763 Bauer Johann Georg Palitzsch (1723–1788) erste Kartoffeln an.

Zutaten:

Hefeteig

125 g	Weizenmehl
25 g	Margarine (Sonja)
2 El.	Zucker
1	Prise Salz
1	Ei
40 ml	Milch
15 g	Hefe

Quarkmasse

200 g	Speisequark
30 g	Butter (zerlassen)
3 El.	Zucker
1	Ei
20 ml	Milch
10 g	Weizenmehl
10 g	Weizenstärke
1	Prise Salz
	Zitronensaft

Gussmasse

350 ml	Milch
50 g	Butter
5	Eier (getrennt)
120 g	Zucker
1 Pk.	Vanille-Pudding
1	Prise Salz

Dresdner Eierschecke

Alle Zutaten des Hefeteigs mit Knethaken zu glatten Teig kneten, 30 Minuten an einen warmen Ort stellen und danach ausrollen, in Springform (28 cm Durchmesser) geben. Die Zutaten der Quarkmasse glatt verrühren, abschmecken auf den ausgerollten Hefeteig streichen. Für die Gussmasse mit Puddingpulver und Milch sowie 2 El. Zucker Pudding kochen. Butter in heißem Pudding auflösen, etwas abkühlen lassen. Dann Eigelb unterrühren und das mit Zucker geschlagene Eiweiß unterheben. Fertige Scheckenmasse als dritte Schicht aufbringen. Im vorgeheizten Backofen bei 190 Grad 50 Minuten goldbraun backen. Eventuell zuletzt abdecken. Nach Backen Scheckenmasse unbedingt mit scharfem Messer Springformrand lösen.

Die Eierschecke

Neben dem Christstollen die berühmteste Dresdner Spezialität. Sie ist eine Erfindung der zweiten Hälfte des 19. Jahrhunderts und wurde erstmals in Otto Bierbaums „Conditorei-Lexikon“ von 1898 beschrieben. Das Wort „Schecke“ ist dem mittelhochdeutschen Wort „schecke“ entlehnt, was soviel wie bunt bzw. streifig machen bedeutet. Damit ist der Kuchenquerschnitt aus weißer Quarkmasse, gelber Eicreme und brauner Decke gemeint.

Zutaten für etwa 20 Stück:

Hefeteig

300 g	Weizenmehl
60 g	Butter
60 g	Zucker
1	Prise Salz
90 ml	Milch
15 g	Hefe
1	Ei

Bienenstichmasse

150 g	Butter
150 g	Mandeln (fein gehackt)
150 g	Zucker
100 ml	Kondensmilch oder Sahne
20 g	Honig
10 g	Mehl
1 Tl.	Vanillezucker

Vanillecreme

500 ml	Milch
150 g	Zucker
80 g	Weizenstärke
1	Ei
4	Eigelb
1 Tl.	Vanillezucker

Gefüllter Lommatzscher Bienenstich

Höchster Kuchengenuss ist für viele Sachsen die Mischung aus mit Sahne und Honig verklebten gerösteten Mandeln und Cremefüllung. Weil der Honig auf der Mandel-Krokantmasse stechende Bienen anlockte, bekam der Kuchen seinen Namen. Sachsen war immer eine Hochburg der Zeidlerei – des Sammelns von Honig wilder Bienenvölker. Zur Barockzeit züchteten Imker wie die rund um Lommatzsch sie sogar in kunstvoll bemalten Bienenstöcken aus Eichenholz.

Hefeteig bereiten und auf dem gefetteten Backblech (30 x 40 cm) wie bei dem Sächsischen Obstkuchen glatt ausrollen. Alle Zutaten der Bienenstichmasse unter dauerndem Rühren etwa 3 Minuten aufkochen, danach erst Mehl einrühren. Masse in warmem Zustand auf Teig auftragen. Backblech noch etwa 30 Minuten stehen lassen und im vorgeheizten Ofen bei 190 Grad ca. 25 Minuten backen. Nach dem Auskühlen auf einem Kuchenbrett Bienenstich dritteln, aufschneiden. Untere Hälfte mit Vanillecreme füllen und obere Hälfte auflegen.

Zutaten für etwa 40 Stück:

250 g	Weizenmehl
100 ml	Milch (lauwarm)
40 g	Butter
35 g	Zucker
15 g	Hefe
10 g	Mandelgries (bitter)
1 g	Salz
1	Ei
½	Zitronenschale (gerieben)

Neukircher Zwieback

Den zwei Mal gebackenen Zwieback kannten schon die alten Griechen und Römer. Wegen seiner langen Haltbarkeit gehörte er in Seefahrer-Kombüsen. 1450 taucht das deutsche Wort Zweiback erstmals in Köln auf. Bäckermeister Hultzsch, dessen Familienbäckerei seit 1696 im Oberlausitzer Neukirch bestand, entwickelte 1900 mit dem Arzt Dr. von Einsiedel die Rezeptur eines Dauergebäcks, das hier seitdem ununterbrochen produziert wird.

Von einem Drittel des Mehls macht man mit der Hefe und ein wenig lauwarmer Milch ein Hefestück (Hefe zuvor in Milch einweichen). Hefestück überstäuben und am warmen Ort gehen lassen. Nach 30 Minuten Zutaten unterkneten, bis sich der Teig leicht vom Schüsselrand löst. 30 Minuten warten, ausstoßen und abgedeckt ruhen lassen. Dann den Teig wirken, ausrollen, in Stücke von 35 g teilen. Diese wirken, etwa 7 Zentimeter lang rollen, auf ein gefettetes Backblech legen und nach kurzer Gare bei 185 Grad im vorgeheizten Ofen 20 Minuten backen. Danach abdecken, einen Tag kühl ruhen lassen. Einback am folgenden Tag in 8 Millimeter dicke Scheiben schneiden, bei 130 Grad 40 Minuten schonend rösten (für goldbraune Bräunung auf beiden Seiten wenden). Zwieback kann z. B. mit Zuckerguss, Makronenmasse oder Kuvertüre veredelt werden.

Zutaten für etwa 20 Stück:

Hefeteig

300 g	Weizenmehl
60 g	Butter
60 g	Zucker
90 ml	Milch
15 g	Hefe
1	Prise Salz
1	Ei

Mohnmasse

185 g	Mohn (gemahlen)
60 g	Butter
60 g	Zucker
20 g	Gries
200 ml	Milch
1	Ei
1	Prise Salz

geriebene Zitronenschale

Quarkmasse

500 g	Speisequark
120 g	Zucker
50 g	Weizenstärke
2	Eier
3	Eigelb
200 g	Kirschkonfitüre

Oberlausitzer Kleckselkuchen

In der seit 1635 sächsischen Oberlausitz zwischen Hoyerswerda, Bautzen und Zittauer Gebirge gehört er zu den Traditions-Backwerken. Ein Bäcker, der Teig- und Marmeladenreste übrig hatte, soll ihn erfunden haben. Allerdings gibt's in Böhmen eine ähnliche Spezialität und im Egerland den „Fleckerlkuchen", weshalb die Herkunft strittig ist.

Hefeteig bereiten (wie bei Sächsischem Obstkuchen) und auf dem gefetteten Backblech glatt ausrollen. Mohnmasse (wie Schlesischer Mohnkuchen, eventuell verfeinern mit Mandeln und Rosinen) bereiten, in Spritzbeutel mit Lochtülle füllen und im 3-Zentimeter-Abstand auf den Hefeteig spritzen. Die Zutaten der Quarkmasse glatt und schaumig rühren, per Spritzbeutel zwischen den Mohntupfern gleichmäßig verteilen. Glatt gerührte Kirschkonfitüre ebenfalls mit Spritzbeutel als kleine Kleckse auf die Quarkmasse geben. Den Kuchen im vorgeheizten Backofen bei 185 Grad etwa 40 bis 50 Minuten backen. Der Kuchen kann vor dem Backen noch mit Streusel (Zutaten S. 56) belegt werden.

Zutaten für 2 Bäben:

1000 g	Weizenmehl
500 g	Butter
250 g	Zucker
100 g	Schlagsahne
70 g	Hefe
60 g	Mandeln (gehackt)
25 ml	Orangenblütenwasser
5	Eier
4	Eigelb
	Zitronenschale (gerieben)

Sächsische Bäbe

Zuerst wird die Butter zu Schaum geschlagen und unter weiterem intensiven Rühren werden Eier, Eigelb, Zucker, Orangenblütenwasser, die Schlagsahne, die geriebene Zitronenschale und zum Schluss das zuvor erwärmte Weizenmehl eingeschlagen. In diesen Teig gibt man die aufgelöste Hefe, lässt ihn gehen, gibt ihn nach dem Ausstoßen in eine gebutterte und mit gehackten Mandeln ausgestreute Napfkuchenform (20 cm Durchmesser) und bäckt die Bäbe eine Stunde bei 160 bis 170 Grad. Statt der Hefe lässt sich auch Backpulver verwenden (Rührkuchenbäbe). Man kann auch Fruchtstückchen (Äpfel, Birnen Aprikosen usw.) zusetzen.

Die sächsische Bäbe (Gugelhupf)

Legenden besagen, dass der Napfkuchen oder Gugelhupf von den Heiligen Drei Königen in das Elsass oder von Kaiserin Marie-Antoinette aus dem Alpenland an den Versailler Hof gebracht wurde. Auf jeden Fall heißt er in Sachsen Bäbe, und mit der kann man schön ditschen (Kuchen in den Kaffee tunken). Sachsens Volksdichterin Lene Voigt (1891–1962) verewigte sie in ihrer Version vom „Rotgäbbchen", das Großmutter eine „Bäbe" zur Stärkung mitbringt.

Sächsische Obstkuchen – von Apfel bis Stachelbeere

Zutaten für etwa 20 Stück:

Hefeteig

300 g	Weizenmehl
60 g	Butter
60 g	Zucker
90 ml	Milch
15 g	Hefe
1	Prise Salz
1	Ei

Vanillecreme

500 ml	Milch
150 g	Zucker
80 g	Weizenstärke
1	Ei
4	Eigelb
1 Tl.	Vanillezucker

Butterstreusel

150 g	Butter
150 g	Zucker
170 g	Weizenmehl
1 Pk.	Vanillezucker

Beinahe unerschöpflich ist der Reichtum an delikaten Obstkuchen, denen Sachsen u. a. seine Berühmtheit als Wiege der deutschen Feinbackwaren verdankt. Von Apfel- über Blaubeer- bis zu Rhabarber- oder Stachelbeerkuchen reichen die Gaumenfreuden. Je nach Saisonangebot frisch, eingeweckt oder tiefgekühlt – alles wird auf die Kuchen gelegt.

Vanillecreme kochen, abkühlen lassen, dabei rühren, damit sich keine Haut bildet. Dann Hefeteig bereiten. Zutaten mindestens fünf Minuten intensiv mit Knethaken vermengen. Teig an kühlem Ort ruhen lassen, anschließend auf gefettetem Backblech (30 x 40 cm) ausrollen, mit Gabel stippen. Vanillecreme auf dem Teig verteilen, darauf z. B. Apfelscheiben, Pflaumenhälften anordnen, darauf die Streusel. Im vorgeheizten Ofen bei 190 Grad 35 bis 40 Minuten backen. Bei Tortenform die Hälfte der Zutaten. Es eignet sich auch ein Rührteig (aus 300 g Weizenmehl, 140 g Butter, 70 g Zucker, 1 Ei, ½ Tl. Backpulver, 1 Prise Salz). Diesen jedoch vor dem Belegen im vorgeheizten Ofen bei 190 Grad etwa 10 Minuten anbacken.

Zutaten für etwa 10 Stück:

Weicher Hefeteig

250 g	Weizenmehl
30 g	Zucker
80 ml	Milch
25 g	Hefe
1	Ei
1	Eigelb
	Zitronenschale gerieben

Füllung

Himbeer-, Kirsch-, Johannisbeer- oder Punschmarmelade

Dekor

Staubzucker oder Fondant

Sächsischer Pfannkuchen

Zuerst die Hefe in warmer Milch aufschlemmen und ca. 30 Minuten ruhen lassen. Dann mit dem Rührgerät alle Zutaten fünf Minuten lang zu einem glatten Teig kneten; Teig ruht weitere 30 Minuten. Danach drei Minuten kneten und nochmals 30 Minuten Ruhe, danach kurz kneten. Teig zur Rolle formen, in 10 Stücke teilen. Per Hand zur Kugel rollen, auf ein mit Leinentuch belegtes, mehlbestäubtes, angewärmtes Kuchenbrett legen. Mit weiterem Leinentuch abgedeckt am warmen Ort 90 Minuten ruhen lassen. Danach in siedendem Backfett oder Öl bei 170 Grad jede Seite etwa zwei Minuten goldbraun backen, dabei mindestens zweimal wenden. Nach Abkühlen Marmelade mit kanüleartiger Spritze einbringen, mit Staubzucker oder Fondant dekorieren.

Faschingsküchlein oder Berliner

Was dem Preußen der „Berliner“ ist dem Sachsen sein Pfannkuchen oder Faschingsküchlein. Millionen dieser mit den verschiedensten Marmeladen oder zum Jux auch mal mit Senf gefüllten Kalorienbomben zaubern die Bäcker, Konditoren und fleißige Hausfrauen jedes Jahr zur Fastnacht.

Zutaten für eine Springform:

Hefeteig

100 g	Weizenmehl
55 ml	Wasser
20 ml	Speiseöl
5 g	Hefe
1	Prise Salz

Zwiebelmasse

450 g	Zwiebeln
200 g	Schinkenwürfel
25 g	Schmalz
	Salz, Kümmel

Belag

150 ml	Schlagsahne
20 g	Weizenmehl
20 g	Weizenstärke
30 g	Käse (gerieb.)
3	Eier

Sächsischer Zwiebelkuchen

Eine herzhafte, gesunde und sogar heilkräftige Spezialität ist der Sächsische Zwiebelkuchen. Die seit uralten Zeiten in unserer Region angebaute Küchenzwiebel enthält neben ätherischem Öl u. a. ein natürliches Antibiotikum und Vitamine. Der gehaltvolle Zwiebelkuchen wirkt auch bei Appetitlosigkeit sowie zur Verdauungs-Anregung Wunder.

Hefe, warmes Wasser und etwas Mehl zu flüssigem Teig anrühren und 30 Minuten am warmen Ort stehen lassen. Danach restliche Zutaten zu glattem Teig intensiv kneten, mindestens 30 Minuten in warmer Umgebung gehen lassen und danach für Springform (26 cm Durchmesser) ausrollen und mit Gabel stippen. Die Schinkenwürfel in Schmalz leicht anbraten, dann Zwiebeln zugeben, goldgelb dünsten, mit Salz und Kümmel abschmecken. Zwiebelmasse gleichmäßig auf dem Teig verteilen. Danach die Zutaten für den Belag mit Rührgerät schaumig rühren und auf die Zwiebelmasse verteilen. Alles im vorgeheizten Backofen bei 200 Grad 40 bis 45 Minuten goldbraun backen.

Zutaten für etwa 20 Stück:

Hefeteig

300 g	Weizenmehl
60 g	Butter
60 g	Zucker
90 ml	Milch
15 g	Hefe
1	Prise Salz
1	Ei

Mohnbelag

390 g	Mohn (gem.)
120 g	Butter
120 g	Zucker
40 g	Gries
400 ml	Milch
2	Eier
1	Prise Salz
	geriebene Zitronenschale

Butterstreusel

150 g	Butter
150 g	Zucker
170 g	Weizenmehl
1 Pk.	Vanillezucker

Schlesischer Mohnkuchen

Zuerst Hefeteig für Backblech vorbereiten (wie Sächsische Obstkuchen). Für den Mohnbelag zuerst Milch, Butter und Zucker aufkochen, den Mohn unterheben und von der Kochstelle nehmen. Dann restliche Zutaten unterrühren und nach Belieben mit 50 g geriebenen Mandeln und Rosinen verfeinern. Die noch warme Masse auf dem ausgerollten Hefeteig glatt streichen und mit Butterstreusel bestreuen. Im vorgeheizten Backofen bei 190 Grad etwa 40 Minuten backen. Statt mit Butterstreusel kann der Mohnkuchen nach dem Auskühlen mit Fondantglasur dekoriert werden.

Mohngebäck

Einst vorzugsweise nur zu Weihnachten gebacken und im schlesischen Teil Sachsens rund um Görlitz bekannt, darf diese gehaltvolle Kuchenkreation heute auf keiner Kaffeetafel fehlen. Mohn spielt übrigens auch als Belag auf sächsischen Brötchen und Zöpfen eine wohlschmeckende Rolle.

Zutaten für ein Blech:

Hefeteig

300 g	Weizenmehl
60 g	Butter
60 g	Zucker
90 ml	Milch
15 g	Hefe
1	Prise Salz
1	Ei

Vanille-Buttercreme

500 ml	Milch
150 g	Zucker
250 g	Butter
80 g	Weizenstärke
1	Ei
4	Eigelb
1 Tl.	Vanillezucker

Butterstreusel

250 g	Butter
250 g	Zucker
200 g	Weizenmehl
1 Pk.	Vanillezucker

Zucker-Streuselkuchen

Mit der Herstellung des Zuckers aus der Rübe ab 1825 gewannen auch Zucker-Streuselkuchen in Sachsen enorm an Beliebtheit. Am besten schmecken sie ofenwarm und mit einem echten sächsischen Blümchen-Kaffee.

Hefeteig und Butterstreusel bereiten (wie bei Sächsische Obstkuchen). Für Zucker-Streuselkuchen Hefeteig auf dem Backblech eine Stunde am warmen Ort gehen lassen. Ist dieser genügend hochgegangen, mit Rasierklinge Raster in drei Zentimeter Abstand einritzen. Während der Garzeit die Vanille-Buttercreme herstellen und kalt rühren. Danach Butter schaumig rühren und Vanillecreme unterheben. Diese Creme in Spritzbeutel mit Lochtülle füllen, punktuell in Teigritzen füllen. Gut gekneteten Streusel aufbringen. Streusel-Zuckerkuchen im auf 190 Grad vorgeheizten Backofen 20 Minuten backen und danach mit Zucker bestreuen.

Echte Dresdner Stollen und Striezel

Zutaten für 3 große Mandelstollen:

2000 g	Stollenmehl, Type 405
1000 g	Butter
750 ml	Milch
600 g	Mandeln (süß, fein gehackt)
60 g	Mandelgries (bitter)
10 g	Stollengewürz (siehe Original Dresdner Christstollen)
7 g	Salz
350 g	Zitronat
250 g	Zucker
150 g	Hefe
60 ml	Rum
	Zitronenschale (gerieben)
	Puderzucker

Dresdner Mandelstollen

Diese weihnachtliche Stollen-Variation wird vor allem von jenen geschätzt, die Sultaninen im Backwerk nicht mögen. Die Mandel hat man neben Feigen, Datteln, Pomeranzen und Limonen bereits im Mittelalter in unsere Lande importiert. Sie war jedoch Höhergestellten vorbehalten. Bis ins 20. Jahrhundert hinein blieb die Verarbeitung von Mandeln wegen des komplizierten Prozesses des Blanchierens, Enthäutens und Hackens für Bäcker sehr aufwändig.

Der Mandelstollen (je zwei Kilo) wird wie der Echte Dresdner Christstollen hergestellt. Der Unterschied besteht lediglich in der Rezeptur – statt Sultaninen werden Mandeln verwendet, die man zuvor zusammen mit den übrigen Trockenfrüchten (Zitronat, bittere Mandeln, geriebene Schalen von zwei Zitronen) in Rum einlegt.

Zutaten für 2 Mohnstollen oder Striezel:

650 g	Mandelstollenteig
500 g	Zucker
400 g	Mohn
250 ml	Milch (heiß)
125 g	Butter (heiß)
50 g	Zwiebackbrösel
10 g	Mandeln (bitter, gerieben)
4	Eier
	Zimt, Nelken (gemahlen)

Dresdner Mohnstollen und Mohnstriezel

Der saftige Mohnstollen erfreut sich vor allem in Dresden und Königsberg, aber auch in Wien, Schlesien und Böhmen großer Beliebtheit. Mohn, eine der ältesten Kulturpflanzen der Menschheit, war seit frühesten Zeiten in den Küchen verbreitet. Für einen Mohnstollen braucht es Mohnsamen von etwa sechs Quadratmetern Anbaufläche.

650 g Mandelstollenteig zu einer Platte von 30 x 36 cm ausrollen und mit einer Masse aus obigen Zutaten bestreichen. Dafür muss der Mohn gebrüht, fein gerieben, dann mit Zucker, Eiern, bitteren Mandeln, etwas Zimt und Nelken verrührt werden. Zuletzt mengt man heiße Butter und Milch unter. Zwiebackbrösel machen die Masse streich- und backfähig. Mandelstollenteig-Platte samt Masse zu einer Rolle formen. Den Mohnstollen von beiden Enden zur Mitte, den Striezel nur in einer Richtung rollen und oben einschneiden. Mohnstollen in Kastenform bei ca. 180 bis 190 Grad eine Stunde backen. Zuvor angären lassen, mit Wasser bestreichen. Den erkalteten Stollen mit Butter bestreichen und mit Zucker bestreuen. Striezel frei backen, zuvor mit Butterstreusel belegen, nach Backen und Kühlen mit Fondant glasieren.

Zutaten für 3 große Dresdner Stollen:

2000 g	Stollenmehl, Type 405
1750 g	Sultaninen (süß)
875 g	Butter
750 ml	Milch (warm)
250 g	Zucker
250 g	Zitronat
150 g	Mandeln (süß)
60 g	Mandeln (bitter)
60 ml	Rum
125 g	Hefe
8 g	Salz
10 g	Stollengewürz

Stollengewürz

15 g	Muskatblüte
7 g	Kardamom
50 g	Vanillezucker gut vermischen, nur 10 g davon zum Teig geben!

Echter Dresdner Christstollen®

Die weltberühmte Spezialität aus Dresden. Zur über 700 Jahre alten Geschichte siehe Seiten 12 bis 14.

Sämtliche Zutaten müssen gut temperiert sein. Das Mehl wird in eine Knetschüssel gegeben und mit der Hefe und etwa 2/3 der Milch ein festes Hefestück bereitet, das man 30 Minuten gehen lässt. Danach knetet man aus dem Hefestück, der cremigen Butter, der restlichen Milch, dem Zucker und dem Stollengewürz einen Teig und lässt ihn eine Stunde ruhen, stößt ihn aus und überlässt ihn 30 Minuten der Ruhe. Sultaninen, Zitronat, süße und bittere Mandeln werden mit dem Rum vermengt und in den Teig gedrückt (schonend verteilen, damit dieser nicht dunkel wird). Den Teig in drei gleich große Stücke teilen, rund und lang wirken. Die Stollen in der Mitte einschneiden, mit Backpapier abdecken und in die auf 190 Grad vorgeheizte Backröhre schieben. Nach etwa 30 Minuten Backpapier entfernen, Stollen weitere 40 bis 45 Minuten bei 180 Grad ausbacken lassen (Hölzchenprobe). Nach dem Backen zweimal mit zerlassener Butter bestreichen, mit Zucker bestreuen. Nach Erkalten werden die Stollen mit vanilliertem Puderzucker besiebt und in einer Folientüte kühl aufbewahrt.

Zutaten:

Wie Original Dresdner Christstollen, nur mit etwa 25 Prozent weniger Sultaninen und Butter. Zum Dekorieren empfehlen sich etwas Aprikosenmarmelade, Vanillefondant sowie gehackte oder gehobelte Mandeln.

Sächsisches Oster- und Reformationsbrot

Das Oster- und Reformationsbrot, das sich auch als Brötchenvariante mit interessantem Innenleben präsentiert, wird seit Jahrhunderten in Sachsen gebacken. Neben der Auferstehung Christi zu Ostern wird mit diesem Gebäck vor allem an den geschichtsträchtigen 31. Oktober 1517 erinnert, an dem Reformator Martin Luther (1483–1546) seine 95 Thesen an die Tür der Schlosskirche zu Wittenberg schlug. In früherer Zeit nannte man das leckere Gebäck auch Pfaffenkäppchen oder Tetzelmütze – Letzteres nach dem in Pirna geborenen päpstlichen Ablassprediger Johann Tetzel (1465–1519).

Etwa 500 g festen Stollenteig zu einem runden Brot zusammenstoßen und auf ein Backblech setzen. Nach ca. 10 Minuten das Brot mit einem scharfen Messer oben quer über die ganze Fläche etwa 2 cm tief einschneiden und bei 175 bis 185 Grad etwa 35 Minuten backen. Beim Reformationsbrot wird ein Kreuz eingeschnitten. Nach dem Backen werden die Brote aprikotiert, mit Vanillefondant glasiert und gehobelte geröstete Mandeln darübergestreut.

Windbeutel und Spritzkuchen

Zutaten für 6 bis 8 Stück:

Brüh- oder Brandteig

125 ml	fettarme Milch
40 g	Butter oder Margarine
80 g	Weizenmehl
2	Eier
1	Prise Salz

Dekor

Vanille-Staubzucker oder Vanille-Fondant

Spritzkuchen

Fettarme Milch und Butter oder Margarine zum Kochen bringen, dann das gesiebte Mehl unter ständigem Rühren zugeben bis sich die Masse (wie Windbeutelteig) vom Kesselrand löst. Nach dem Auskühlen Eier nach und nach mit dem Rührgerät unterrühren. Der Spritzkuchenteig ist etwas fester als der Windbeutelteig. Er muss jedoch noch gut spritzfähig sein (Festigkeit mit Eiweiß regulieren).
Mit einem Spritzbeutel Teig ringförmig auf Backpapier dressieren. Danach Papier wenden und mit dem Ring auf das heiße Backfett (ca. 180 Grad im Backfetttopf) legen. Stimmen Teigkonsistenz und Fetttemperatur, löst sich der Ring leicht vom Backpapier. Spritzkuchen beidseitig je vier bis fünf Minuten goldbraun backen, nach dem Abkühlen glasieren.

Spritzkuchen

Als „Spritzenkuchen“ ist er bereits 1713 in dem Werk „Der wolbestehende Becker“ von Alexius Sincerus erwähnt. Dies besaß Sachsens Premier Heinrich Graf von Brühl (1700–1763) in seiner Bibliothek. Allerdings glaubt man bis heute im brandenburgischen Eberswalde, dass der dortige Konditor und Lebküchler Gustav Louis Zietemann den Spritzkuchen 1832 erfand. Dem widerspricht jedoch, dass zu jener Zeit längst Dresdner Konditoren dieses lockere Brandteig-Gebäck verkauften.

Zutaten für 6 Stück:

Brüh- oder Brandteig
125 ml Wasser
40 g Butter oder Margarine
80 g Weizenmehl
3 Eier
1 Prise Salz

Füllung
200 ml Schlagsahne
1 Tl. Zucker
36 Sauerkirschen (entkernt)

Dekor
Staubzucker
Schokoglasur (hell/dunkel)

Windbeutel, Kirschsahneringe und Eclairs

Wasser und Butter oder Margarine in einem Rührtopf zum Kochen bringen, dann das gesiebte Mehl unter ständigem Rühren zugeben und noch einige Sekunden weiterrühren, bis sich die Masse von der Kesselwand gut löst. Masse abkühlen und Eier nach und nach unterrühren. Brandteig für Windbeutel mit großer Sterntülle punktförmig auf ein mit Backpapier belegtes Blech aufspritzen, Kirschsahneringe kreisförmig, Eclairs stabförmig. Im vorgeheizten Ofen bei 180 bis 190 Grad etwa 12 Minuten backen, auskühlen lassen, halbieren. Obere Hälften der Windbeutel mit Staubzucker pudern, Eclairs mit dunkler, Kirschsahneringe mit heller Glasur bestreichen. Auf die untere Seite gut aufgeschlagene Sahne dressieren. Je Kirschring etwa sechs entsteinte Kirschen auf die Sahne verteilen.

Windbeutel

Die luftige Windbeutel-Teigblase wurde sogar zum Synonym für geschäftige Schwätzer, Prahler und Plaudertaschen. In der feinen Wiener Konditorschule oder in baltischen Ländern schauten sich Sachsens Hofbäcker die echten sahnigen Verführer ab. Seit Anfang des 19. Jahrhunderts hält man sie für typisch sächsisch.

Dresdner Dominosteine

Zutaten für etwa 120 Dominosteine:

Pfefferkuchenteig
Siehe Pulsnitzer Pfefferkuchen

Füllung

1 Gl.	Sauerkirschgelee
15 g	Pektin
400 g	Marzipan
160 g	Puderzucker

Kuvertüre

500 g	Edelbitterschokolade

Abgelagerter Pulsnitzer Pfefferkuchenteig (mindestens vier Wochen) zu einer Platte (Blechgröße 30 x 40 cm) etwa fünf Millimeter dünn ausrollen, stippen und im vorgeheizten Ofen etwa 12 Minuten bei 150 Grad backen. Für die Füllung das Gelee mit Pektin unter gelegentlichem Rühren schwach aufkochen, vom Herd nehmen. Das Kirschgelee auf dem erkalteten Pfefferkuchen gleichmäßig verteilen, abkühlen und fest werden lassen. Den Puderzucker sieben und in die Marzipanmasse einkneten. Die Marzipanmasse zwischen zwei Klarsichtfolien auf die Größe der Lebkuchenplatte ausrollen und auf die Sauerkirschgeleeschicht legen. Das Schichtgebäck in 3 x 3 cm große Dominosteine schneiden und mit der zuvor temperierten Kuvertüre überziehen.

Die Notpraline

Für diese Konfekt-Kreation standen das beliebte Spiel mit den 28 Steinen bzw. die ebenso bezeichnete Maskentracht als Namensgeber Pate. Ihr Erfinder war um 1936 der Dresdner Schokolatier und Pralinenmacher Herbert Wendler (1912–1998). An Schichtpralinen mit alternativen Zutaten experimentierend, ersann er diese raffinierte Dresdner Köstlichkeit. Als im Zweiten Weltkrieg die Branche unter knapper werdenden Zutaten litt, setzte endgültig der Siegeszug für Wendlers Dominostein als „Notpraline" ein.

Zutaten für etwa 15 Oblaten:

Grundmasse

120 g	Zucker
30 g	Haselnüsse (gerieben)
30 g	Mandeln (gerieben)
20 g	Eiweiß

(anrühren, wie Marzipan fein reiben)

Marzipanmasse

150 g	Marzipan
60 g	Mehl
30 g	Zitronat
30 g	Orangeat
5 g	Gewürz*

Eiweißmasse

85 g	Puderzucker
60 g	Eiweiß (steif schlagen)

Weitere: 2 g Backpulver, Backoblaten (Ø 4 cm)

Dresdner Makronenlebkuchen

Im Gegensatz zu den berühmten Pulsnitzer Pfefferkuchen werden diese nicht aus Teig, sondern aus einer auf Oblaten gebackenen Makronenmasse hergestellt. Diese hat ihren Ursprung in Nürnberg. Aus der für ihre Lebkuchen und reichen „Honigweiden" unter Bäckern und Gourmets gleichermaßen bekannten Reichsstadt brachten Gesellen von der Walz die Rezeptur im 18. Jahrhundert in die Residenz an der Elbe.

✐ Alle drei Teilmassen mit den 2 g Backpulver zu einer Makronenmasse zusammenrühren und mit Eiweiß die Konsistenz abstimmen. Auf Backoblaten je etwa 20 bis 25 g Makronenmasse aufstreichen, zum Abtrocknen der Oberfläche etwa eine Stunde stehen lassen und dann bei 175 Grad 20 bis 25 Minuten backen. Danach mit Eiweiß- oder Schokoglasur verzieren, in einer Dose unter Luftabschluss aufbewahren.

* Zimt, Muskatblüte, Kardamom, Nelke, geriebene Zitrone, Ammoniumtrieb

Zutaten für etwa 60 Pfefferkuchen:

300 g	Weizenmehl
100 g	Roggenmehl
200 g	Honig
200 g	brauner Zuckerrübensirup
10 g	Lebkuchengewürz

(gemischt aus Zimt, Nelken, Kardamom, Muskatblüte)

40 g	Wasser
9 g	Pottasche
3 g	Ammonium

Dekor

nach Belieben Trockenfrüchte, Glasur oder Kuvertüre

Pulsnitzer Pfefferkuchen

Honig, Sirup und Wasser in einem Topf aufkochen. Danach lässt man die Masse abkühlen und rührt, wenn sie lauwarm ist, das Weizen- und Roggenmehl unter, knetet den Teig gut durch und lässt ihn abgedeckt an einem kühlen Ort drei bis vier Monate liegen. So lange Lagerung ist wichtig für die natürliche Lockerung und Geschmacksbildung. Die Triebmittel (Ammonium und Pottasche) werden etwas eingeweicht, gelöst und zusammen mit dem Gewürz in den abgelagerten Teig eingearbeitet. Zur Geschmacksverbesserung können Trockenfrüchte (Zitronat, Mandeln, Orangeat) hinzugegeben werden. Der ca. sieben Millimeter dick ausgerollte Teig wird mit verschiedenen Formen (u. a. Rechtecke, Herzen, Sterne) ausgestochen, im vorgeheizten Ofen bei 150 Grad etwa 15 Minuten gebacken. Gefüllt oder ungefüllt überzieht man ihn mit Eiweiß- oder Schokoglasur bzw. Kuvertüre.

Sachsen ist das einzige Land der Bundesrepublik, in dem die Pfefferküchlerei – sie wird anderswo auch Lebzelterei oder Lebküchlerei genannt – als eigenständiges Handwerk in Familienbetrieben existiert. Unter Pfeffer verstand man im Mittelalter fremde Gewürze. Während 1963 in Wildenfels der Letzte seiner Zunft das Gewerbe aufgab, sind in Pulsnitz heute noch ein Industrie- und acht Handwerksbetriebe tätig. Bereits 1558 ist diese Backkunst hier urkundlich nachweisbar.

Feine Blätterteig- und Plunderstückchen

Zutaten für etwa 10 Stück:

Blitz-Blätterteig
(wie Dresdner Prasselkuchen S. 86)

Angewirkte Butter

180 g	Butter (temperiert)
80 g	Weizenmehl

Füllung

6	Äpfel (sauer)
1 El.	Zucker
30 ml	Rum
60 g	Rosinen

Mandeln (gehackt), Zitronensaft

Weitere:
Biskuitboden, 100 g Pudding, Aprikosenmarmelade, Fondant

Dresdner Apfelstrudel

Die Zutaten für Blitzblätterteig und Butterplatte verarbeiten (siehe Dresdner Prasselkuchen), auf 20 x 40 Zentimeter Größe drei Millimeter dünn ausrollen. Von dem Teig 10 und 12 Zentimeter breite sowie 40 Zentimeter lange Streifen abschneiden. Auf die langen Streifen den Biskuitboden 5 Zentimeter breit mittig auflegen und mit der Apfelfüllung halbrund belegen. Dazu die Äpfel raspeln, mit Zucker, Rum, Rosinen, Pudding, Mandeln mischen, mit Zitronensaft abschmecken. Blätterteig-Streifen auf die Füllung umschlagen, dabei mittig im Abstand von einem Zentimeter einschneiden. Strudelteig im vorgeheizten Ofen bei 180 Grad 25 bis 30 Minuten lang goldbraun backen. Danach mit heißer Aprikosenmarmelade bestreichen, nach dem Abkühlen mit Fondant oder Zuckerglasur glasieren, in vier Zentimeter breite Stücke schneiden.

Der Strudel

Die Historie des Strudels reicht weit in ferne Länder wie die Türkei. Als türkische Baklava – ein Gebäck, das mit den Janitscharen des Osmanischen Reiches nach der Eroberung von Byzanz 1453 über den Balkan bis Wien gelangte – war es zuerst bekannt. Janitscharen, die Kurfürst Friedrich August I., den Starken (1694 – 1733), in seinen Residenzen Dresden und Warschau bewachten, sollen die Rezeptur nach Sachsen gebracht haben. Hier wurde sie verfeinert.

Zutaten für etwa 16 Stück:

Blitz-Blätterteig

220 g Weizenmehl
120 ml Wasser
1 Prise Salz
1 Tl. Zucker
etwas Essig

Angewirkte Butter

180 g Butter (temperiert)
80 g Weizenmehl

Butterstreusel

100 g Butter
180 g Weizenmehl
7 El. Zucker
1 Pk. Vanillezucker

Dresdner Prasselkuchen

Die Blätterteig-Zutaten mit Knethaken zu einem glatten Teig verarbeiten, 5 Minuten intensiv kneten und 30 Minuten mit feuchtem Tuch abdecken. Das Weizenmehl und die Butter vermengen, zu einer Platte formen und 45 Minuten kühlen. Den Teig auf 20 x 20 cm ausrollen, die gekühlte Butterplatte drauflegen, mit Teig bedecken und auf 20 x 20 cm ausrollen. Dies dreimal wiederholen, zum Schluss gleichmäßig dünn auf 20 x 40 cm ausrollen, zu Dreiecken schneiden, mit Wasser bestreichen. Butter, Zucker und Vanillezucker schaumig rühren, Mehl darin gut verteilen, so dass ein grober Streusel entsteht. Diesen auf den Blätterteig-Dreiecken verteilen. Im vorgeheizten Backofen bei 190 Grad etwa 15 bis 20 Minuten backen. Danach sofort glasieren (150 g Puderzucker mit Wasser).

Prasselkuchen

Wohl aus Sachsens Nachbarregion Schlesien stammt der Prasselkuchen. Ursprünglich wurde er aus Blätterteig-Resten hergestellt, die man mit großen Butterstreuseln bedeckte. In Dresden und später auch in Leipzig entwickelte sich daraus vor 100 Jahren eine richtige Prasselkuchen-Tradition. In fast allen sächsischen Kaffeehäusern, den Wiener Cafés und Konditoreien, die bis 1945 existierten, gab es diese Spezialität.

Zutaten für 50 bis 60 Stück:

Blitz-Blätterteig

220 g Weizenmehl
120 ml Wasser
1 Prise Salz
1 Tl. Zucker
etwas Essig

Käseteigplatte

125 g Butter
125 g Parmesan (gerieben)
125 ml Kaffeesahne
200 g Mehl

Dekor

Käse, Kümmel, Hagelsalz, Mohn, Sesamsamen

Feines Käse- und Salzgebäck

Eine herzhafte Knabberei zu Bier und Wein oder einfach nur für zwischendurch ist das feine Käse- und Salzgebäck. Nicht nur die Königlichen Hofkonditoren wussten sie mit Raffinesse zu backen. Ob an der Sächsischen Weinstraße, in Erzgebirge, Oberlausitz oder Vogtland ansässig – jeder Bäcker und natürlich auch jede Hausfrau hat für dieses Gebäck einen eigenen Variantenreichtum.

Die Zutaten für die Käseteigplatte mit Knethaken zu einem Teig kneten, zu einer 20 x 20 cm großen Platte formen und 45 Minuten kühlen. 200 g Blätterteig (siehe Dresdner Prasselkuchen) auf 20 x 40 cm ausrollen, die gekühlte Käseteigplatte auflegen, mit Teig eindecken und auf 20 x 40 cm ausrollen. Dies dreimal wiederholen und zum Schluss den Teig gleichmäßig dünn ausrollen (etwa 3 Millimeter dick). Aus dem Teig 8 cm breite Streifen schneiden, mit Wasser benetzen, Gouda oder Emmentaler Käse (oder die anderen Zutaten) aufstreuen, zusammenlegen und 5 Millimeter breite Scheiben abschneiden. Diese zu Schleifen oder Stangen formen, auf dem Backblech leicht andrücken. Vor dem Backen (200 Grad) etwa 15 Minuten ruhen lassen.

Leipziger Lerchen®

Zutaten für etwa 20 Lerchen:

Blitz-Blätterteig

220 g	Weizenmehl
120 ml	Wasser
1	Prise Salz
1 Tl.	Zucker
	etwas Essig

Makronenmasse

160 g	Marzipan
25 g	Puderzucker
25 g	Mehl
25 g	Vanillezucker
3	Eigelb
3	Eiweiß

Himbeermarmelade

Zuerst die Makronenmasse herstellen: Rohmarzipan mit Eigelb weich machen, mit Vanillezucker schaumig rühren und Weizenmehl untermelieren. Eiweiß mit Puderzucker zu Schnee schlagen und unterrühren. Dann 150 g Blätterteig dünn ausrollen, kleine runde oder eckige Backformen damit auslegen. Tupfen Himbeermarmelade am Boden aufbringen, mit Makronenmasse füllen und zwei dünne Blätterteigstreifen über Kreuz drauflegen. Blätterteig mit Ei bestreichen, Törtchen mit Puderzucker bestäuben – für den Glanz. Bei 180 bis 190 Grad 25 bis 30 Minuten backen.

Die Lerchen von Zuckerbäcker Händel

Von 1720 ist bekannt, dass allein im Monat Oktober 404 340 lebendige Lerchen als Festtagsgericht gefangen wurden. Sachsen-König Albert (1828–1902) verbot dann 1876 die Jagd auf Singvögel. Doch schon lange vorher hatte Zuckerbäcker Händel aus Reudnitz ein Marzipantörtchen erfunden, bei dem nur wenig Teig die Masse aus zartestem Marzipan umhüllt. Das wegen seiner Haltbarkeit zum begehrten Versandartikel der Messestadt avancierte und heute patentrechtlich geschützte Törtchen nannten pfiffige Bäcker Lerche.

Zutaten für 15 Streuselschnecken:

Hefeteig

400 g	Weizenmehl
200 ml	Milch (lauwarm)
70 g	Butter
15 g	Trockenhefe
60 g	Zucker
1	Ei
1	Prise Salz

Butterstreusel

100 g	Butter
100 g	Zucker
170 g	Weizenmehl

Dekor

200 g Fondant oder Zuckerguss (aus 150 g Puderzucker und 50 ml Wasser)

Sächsische Streuselschnecke

Das Mehl in eine Schüssel sieben, eine Mulde in die Mitte drücken. Die zerbröckelte Hefe in etwas lauwarmer Milch verquirlen und hineingießen, mit Zucker zu einem Vorteig anrühren. Zugedeckt etwa 30 Minuten gehen lassen. Danach die restlichen Zutaten, außer dem Ei, mit dem Vorteig intensiv zu einem glatten Teig kneten. So lange, bis sich der Teig gut vom Schüsselrand löst. Hefeteig zum Quadrat ausrollen, mit dem verquirlten Ei bestreichen und zusammenrollen. Die Rolle in etwa 2,5 cm dicke Scheiben schneiden, auf ein mit Backpapier belegtes Blech ablegen, flach drücken und 30 Minuten gehen lassen. Butterstreusel herstellen und Teigstücke damit belegen. Streuselschnecken nochmals gehen lassen und ca. 30 Minuten im vorgeheizten Ofen bei 185 Grad 12 bis 15 Minuten goldbraun backen. Nach Abkühlen mit Fondant oder Zuckerguss garnieren.

Streuselschnecke

„Diese Streuselschnecke ist eine Sünde wert", soll schon Zarah Leander (1907–1981) in der Konditorei von Alfred Heinrich Wachendorf (1876–1947) am Dresdner Weißen Hirsch gesagt haben und biss in das süße, wie eine Schnecke gewundene, Gebäck. Der berühmte UFA-Star kurte damals im Lahmann-Sanatorium.

Zutaten für 30 Schillerlocken:

Blitz-Blätterteig

220 g	Weizenmehl
120 ml	Wasser
1	Prise Salz
1 Tl.	Zucker
	etwas Essig

Angewirkte Butter

180 g	Butter (temperiert)
80 g	Weizenmehl
60 g	Zucker

Marzipanbuttercreme

200 g	Butter
40 g	Eiweiß
40 g	Staubzucker
50 g	Läuterzucker
20 ml	Weinbrand
60 g	Vanillepudding (gekocht)
80 g	Marzipan

Dekor

Fettglasur

Schillerlocken

Den Blitz-Blätterteig (siehe Dresdner Prasselkuchen S. 86) auf 20 x 40 cm drei Millimeter dünn ausrollen. Teigplatte mit Wasser bestreichen und in zwei Zentimeter breite Streifen schneiden. Die Streifen um eine konische Hülse wickeln, in Zucker drücken und mit der Hülse im vorgeheizten Ofen bei 190 Grad anbacken, wenden und goldgelb ausbacken (Gesamtbackzeit 15 bis 20 Minuten). Nach dem Auskühlen mit Fettglasur dekorieren und mit Marzipanbuttercreme füllen. Bei der Creme Butter und Eiweiß mit dem Staub- und 30 g Läuterzucker gut schaumig rühren und gekühlt stehen lassen. Dann Marzipan mit Weinbrand und dem Rest Läuterzucker weich machen und mit kühlem Pudding schaumig rühren, zum Schluss mit der Buttercreme vermischen. Diese Creme in die Locken spritzen – fertig ist die Schillerlocke.

Schillers Locken

An die Lockenpracht von Dichterfürst Friedrich von Schiller (1759–1805) erinnert dieses Gebäck. Allein in Dresden hielt sich Schiller auf Einladung seines Freundes Christian Gottfried Körner (1756–1831) in den Jahren 1785 bis 1801 dreimal auf, arbeitete hier u. a. am „Don Carlos“ und schuf die „Ode an die Freude“. An seine Bekanntschaft mit der Blasewitzer Wirtstochter Johanne Justine Renner erinnerte Schiller in „Wallensteins Lager“. Dort ist sie als „Gustel von Blasewitz“ erwähnt.

Zutaten für 40 Stück:

Blitz-Blätterteig

220 g	Weizenmehl
120 ml	Wasser
1	Prise Salz
1 Tl.	Zucker
	etwas Essig

Angewirkte Butter

180 g	Butter (temperiert)
80 g	Weizenmehl

Dekor

60 g	grober Zucker Fettglasur oder Fondant

Schweinsohren

Von der Liebe zur Herstellung und der Vielfalt der Ideen kreativer sächsischer Bäcker und Konditoren zeugt das Schweinsohr, welches bis heute in verschiedenen Größen – vom Öhrchen (siehe vorliegendes Rezept) bis zum Riesen-Ohr – angeboten wird. Diesem leichten Knuspergebäck gab seine eigenwillige Form den Namen.

Den Blitz-Blätterteig (siehe Dresdner Prasselkuchen) zu einer drei Millimeter dünnen Platte von 20 x 40 cm ausrollen. Diese mit Wasser bestreichen und groben Zucker gleichmäßig fein aufstreuen. Die bestreute Platte zur Mitte insgesamt dreimal zu 10 cm breiten Streifen einschlagen. Von dem so gebildeten Teigstreifen ca. 1 cm breite Stücke (Schweinsohren) abschneiden. Auf das Backblech legen, ca. 30 Minuten ruhen lassen und dann im vorgeheizten Ofen bei 190 Grad anbacken, wenden und goldgelb knusprig ausbacken (Gesamtbackzeit etwa 25 Minuten). Nach dem Auskühlen die Ohren mit Fettglasur oder Fondant dekorieren.

Zwickauer Vanillebrezel

Zutaten für etwa 12 Brezeln:

Hefeteig
300 g Weizenmehl
60 g Butter
60 g Zucker
90 ml Milch
15 g Hefe
1 Prise Salz
1 Ei

Angewirkte Butter
150 g Butter
50 g Weizenmehl
1 Prise Salz

Füllung
250 ml Milch
20 g Zucker
½ Pk. Puddingpulver

Glasur
Fondant

Zu den Opfergebäcken aus altgermanischer Zeit zählen die Brezeln, die es in Deutschland zu außergewöhnlicher Vielfalt brachten. So vermerkt das Lehrbuch „Gebäck aus deutschen Landen“ von 1949 noch 44 Sorten. Als eine ständig verfeinerte und zuletzt sogar mit Pudding gefüllte Oster-Spezialität schufen Zwickauer Bäcker die Vanillebrezel.

Der Brezel-Plunderteig wird genauso wie Blätterteig hergestellt. Der Unterschied besteht in der Verwendung von Hefe- statt Blitz-Blätterteig. Damit wird die angewirkte Butter im Hefeteig eingeschlagen, ausgerollt und wieder eingeschlagen (wie unter Dresdner Prasselkuchen). Der fertige Teig wird rechteckig zu einer Platte von 20 x 40 cm Breite und drei Millimeter Dicke ausgerollt. Daraus 2 cm breite Streifen schneiden, zu Brezeln formen. Auf gefettetem Backblech mit Tuch abgedeckt am warmen Ort 60 Minuten gehen lassen. Danach Brezelöffnungen mit dem Pudding füllen und im vorgeheizten Backofen bei 190 Grad 15 bis 20 Minuten backen, nach Abkühlen mit Fondant glasieren.

Feine Rührkuchen und Küchlein

Zutaten für ca. 25 Törtchen:

Sandmasse
125 g Zucker
150 g Weizenmehl
150 g Weizenstärke
200 ml Schlagsahne (steif)
4 Eier
2 Tl. Backpulver

Fruchtmischung
150 g Äpfel (grob gerieben)
30 g Nüsse (gehackt)
30 g Rosinen (in Rum getränkt)

Borsdorfer Obsttörtchen

Sachsens einst berühmtestes Apfel- und Obst-Paradies Borsdorf bei Leipzig gab diesem Rezept seinen Namen. Kommen Sachsens Äpfel mittlerweile auch aus Borthen oder Dürrweitzschen, bleibt der Borsdorfer Kuchen-Apfel jedoch legendär. Urkundlich ist der Edelborsdorfer, der später auch die Bezeichnung „Leipziger Renette" bekam, erstmals 1175 erwähnt. Statt der Äpfel im Obsttörtchen werden gern auch rote Johannisbeeren (siehe Foto) verwendet, dann entfallen jedoch die Rosinen.

Eier und Zucker warm schaumig schlagen, Mehl, Stärke, Backpulver und Schlagsahne unterheben, ebenso die Fruchtmischung. Masse in Förmchen füllen und im vorgeheizten Ofen bei 190 Grad etwa 25 Minuten backen.

Zutaten für eine Torte:

900 g	Quark
180 g	Butter
140 g	Kristallzucker
130 g	Puderzucker
100 g	Gries
30 g	Mehl
3	Eier
25 ml	Zitronensaft
1 Pk.	Backpulver
1	abgeriebene Zitronenschale
1	Prise Salz

Meißner Quarktorte ohne Boden

Wie das berühmte Scherzgebäck „Meißner Fummel“ soll auch die Quarktorte ohne Boden auf den Obermeister der Meißner Bäckergilde, Paul Bammel, zurückgehen. Dieser lebte in der ersten Hälfte des 18. Jahrhunderts und war mit Sachsens legendärem Kurfürsten Friedrich August I., dem Starken (1670–1733), persönlich bekannt.

Zunächst die Eier sorgfältig in Eiweiß und Eigelb trennen. Dann die Butter mit Kristallzucker und Eigelb schaumig rühren. Quark, Gries (in dem das Backpulver fein verteilt ist), Mehl, Salz, abgeriebene Zitronenschale und Zitronensaft unterrühren. Eiweiß, Prise Salz und Puderzucker zu steifem Schnee schlagen und langsam unter die Butter-Quarkmasse unterrühren. Masse in gefettete und mit Semmelbrösel belegte Springform (Durchmesser 28 cm) geben, im vorgeheizten Backofen 50 Minuten bei 190 Grad goldbraun backen (bei Bedarf abdecken). Nach dem Abkühlen mit Puderzucker besieben.

Zutaten für Napfkuchenform:

Kuchen

250 g	Weizenmehl
250 g	Butter oder Öl
200 g	Zucker
50 g	Weizenstärke
75 ml	Milch
75 ml	Selterswasser
4	Eier
1 Pk.	Vanillezucker
1 Pk.	Backpulver

Brösel und Nüsse für die Form

Glasur

150 g	Puderzucker
2 El.	Zitronensaft
1 El.	Butter
40 ml	Wasser

Stötteritzer Selterswasserkuchen

Die modernste Art, im Tupperware-Zeitalter schnell eine Bäbe zu backen, ist der geschüttelte Napfkuchen. Ob Hausfrau oder Hausmann – diese wohl im Leipziger Stadtteil Stötteritz erstmals ausprobierte Kuchenkreation gelingt immer. Selbst vor Überraschungsgästen kann man so mit ofenwarmem Kuchen brillieren. Dabei ist zu beachten, dass Schüttelteige mehr Flüssigkeit als gerührte Teige benötigen. Außerdem bedarf es unbedingt einer größeren Schüssel mit festem Deckel.

Butter oder Öl schonend auf etwa 30 Grad erwärmen. In die Schüssel zuerst Mehl, Stärke, Back- und Vanillepulver sieben, zusammen mit Zucker und Milch gut vermischen. Dann Eier, flüssiges Fett und Selterswasser hinzufügen. Schüssel mit Deckel gut verschließen und mehrmals kräftig durchschütteln. Nur die gut geschüttelte, homogene Masse sichert den Backerfolg! Zum Schluss können noch Aroma-Zutaten hinzugefügt werden. Bei 190 Grad im vorgeheizten Ofen anbacken und nach 20 Minuten auf 180 Grad abgesenkt 30 Minuten fertig backen. Kuchen mit Glasur oder Puderzucker verzieren.

Feines Kaffee- und Teegebäck

Altzellaer Zimtsterne

Zutaten für etwa 50 Sterne:

3	Eiweiß
250 g	Puderzucker
300 g	Mandeln (fein gerieben) oder gemahlene Haselnusskerne
1 Pk.	Vanillezucker
1 Tl.	Zimt (gemahlen)

Mit dem Handrührgerät oder Rührbesen die 3 Eiweiß zunächst mit wenig Puderzucker (gesiebt) zu Schnee schlagen, dann den Rest Puder- und den Vanillezucker nach und nach zugeben, bis der Eischnee steif ist. Von diesem $^1/_2$ Tasse zum späteren Dekorieren wegnehmen. So viele Mandeln oder Haselnüsse zusammen mit dem Zimt unter dem Eischnee verteilen, dass dieser nicht mehr klebt. Den Teig kühlen und auf einer mit Puderzucker bestäubten Platte etwa sechs bis sieben Millimeter dick ausrollen, Sterne ausstechen und auf ein mit Backpapier belegtes Blech ablegen. Mit Eiweißglasur bestreichen, die mit etwas Eiweiß oder Wasser fließfähig gehalten wird. Sterne etwa sechs bis acht Stunden bei Raumtemperatur trocknen und dann bei 130–150 Grad (Umluft ca. 120 Grad) 10 bis 15 Minuten backen. Die Oberfläche der Sterne sollte weiß, das Innere feucht bleiben.

Zimtsterne

Einen Ursprung der Zimtsterne können wir in der mittelalterlichen Kloster-Backstube der 1162 von Markgraf Otto dem Reichen (†1190) gestifteten und 1540 säkularisierten Zisterzienser-Abtei Altzella bei Nossen vermuten. Die auch in der Backkunst versierten Mönche wussten um die wundervolle Würzkraft der getrockneten und gemahlenen Rinde des aus Asien stammenden Zimtbaumes, den bereits die Völker der Antike nutzten. Ab dem 12. Jahrhundert brachten Kreuzritter das teure Gewürz in die Küchen Mitteleuropas.

Zutaten für ca. 100 Buchstaben/Zahlen:

160 g	Mehl
300 g	Kristallzucker
50 g	Puderzucker
125 g	Eiweiß
60 g	Couleur (aus 60 g Zucker und 30 ml Wasser gebrannt)
1 Pk.	Vanillezucker

Dresdner Russisch Brot oder Patience

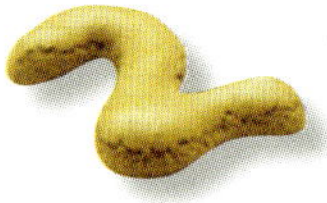

Kristallzucker mit Wasser breiig anrühren, Vanillezucker zugeben und langsam auf 92 Grad erhitzen. Wenn der Zucker zu kochen anfängt, Eiweiß und Puderzucker zu einem festen Schnee schlagen. Hat der kochende Zucker 92 Grad erreicht, wird er in dünnen Fäden unter den steifen Schnee gerührt, später das Couleur unterrühren, die Masse langsam kalt ausschlagen und erst dann das gesiebte Mehl untermelieren. Masse in Spritzbeutel mit kleiner Lochtülle geben, Buchstaben und Zahlen auf das Backblech (mit einer Schicht Backpapier belegt) aufdressieren und mindestens eine Stunde trocknen lassen. Dann bei 140 Grad etwa 12 Minuten backen. Ist die Sprühmasse zu fest, etwas flüssiges Eiweiß unterheben.

Russisch Brot

Bereits im 16. Jahrhundert kannte man an fürstlichen Höfen ein lange haltbares Buchstabengebäck namens „Moskowiter Brot“. Eine Abschrift des Rezepts gelangte um 1755 an die kurfürstliche Bibliothek zu Dresden. Um 1844 brachte dann der Dresdner Bäckergeselle Ferdinand Wilhelm Hanke (1816–1880) die Rezeptur aus St. Petersburg in die Heimat mit. In Dresden eröffnete er seine „Deutsche & Russische Bäckerei“, die Russisch Brot im Angebot führte. Neben Elbflorenz gibt es heute noch in Österreich Russisch-Brot-Traditionen – Patience-Bäckerei genannt.

Zutaten für 70 bis 80 Kringel:

250 g	Butter
150 g	Puderzucker
350 g	Weizenmehl
25 g	Weizenstärke
1	Ei
150 ml	Milch
1 Pk.	Vanillezucker
1 Pk.	dunkle Kuvertüre

Dresdner Spritzkringel

Vor allem die unvergleichlichen Buttergebäcke machten Elbflorenz einst zu einem Mekka für Freunde von erlesenem Naschwerk. Aus bester Butter und feinstem Mehl schufen die kreativen Dresdner Konditoren in Sachsens Landeshauptstadt auch den Spritzkringel. In Hof-Kreisen wie an einfachen Kaffeetafeln durfte diese Köstlichkeit nicht fehlen. So wurden fast bis zum Ende des Zweiten Weltkrieges im berühmten Theatercafé Wünsche auf der Marienstraße 5 täglich einige Pfund Spritzkringel gebacken, nach denen auch Star-Mimen wie Antonia Dietrich oder Erich Ponto häufig fragten.

Mit dem Handrührgerät die nicht zu feste Butter, den Zucker mit Vanillezucker schaumig, dann das Ei und die Milch unterrühren. Zum Schluss Mehl und Stärke zugeben – nur kurz, bis diese gut verteilt sind. Den Teig in einen Spritzbeutel mit Sterntülle geben und auf mit Backpapier belegte Backbleche zu Kringeln, Rosetten, Tatzen und anderen Formen aufspritzen. Wenn der Teig nachsteift, lässt er sich mit etwas Milch wieder spritzfähig machen. Im vorgeheizten Ofen bei 190 Grad ca. 14 bis 16 Minuten goldgelb backen. Nach dem Backen können die Spritzkringel teilweise in dunkle, gut temperierte Kuvertüre getunkt werden.

Zutaten für ca. 50 Plätzchen:

140 g	Puderzucker
80 g	Weizenmehl
2	Eier (groß)
20 g	Weizenstärke
1 Tl.	Anis (gemahlen) oder Vanille
1	Prise Salz

Erzgebirgische Anis- oder Vanilleplätzchen

Per Handrührgerät werden die Eier mit dem Zucker warm geschlagen, bis die Masse steht (dazu Rührschüssel in warmes Wasserbad stellen), dann weiterrühren bis die Masse kalt ist und erst jetzt Mehl, Stärke und Anis (zuvor gemeinsam sieben) vorsichtig unterrühren. Masse in einen Spritzbeutel mit Lochtülle füllen, Plätzchen von ca. zwei Zentimeter Durchmesser auf das mit Backpapier ausgelegte Backblech spritzen und mindestens 12 Stunden trocknen lassen (bis sich eine Haut gebildet hat). Backofen auf 140 Grad vorheizen und Plätzchen ca. 30 Minuten backen. Statt Anispulver können auch Vanille-, Kakao- oder Ingwerpulver verwendet werden.

Anis

Die Anisplätzchen sind eine sehr alte Opferspeise, die an heidnischen Festtagen, später auch bei christlichen Hochzeiten gereicht wurde und sich noch heute – allerdings mit sehr verfeinerten Zutaten – großer Beliebtheit erfreut. Besonders im Erzgebirge waren die gemahlenen Früchte der ursprünglich aus Asien stammenden, einjährigen Anispflanze (lat. Pimpinella anisum) durch ihre antibakterielle, krampflösende, appetit- und verdauungsanregende Heilkraft sowie als Aphrodisiakum seit dem Mittelalter bekannt.

Zutaten für etwa 10 Stück:

125 g	Zucker
125 g	Butter
70 g	Mandeln (gehackt)
60 g	Mandeln (gestiftet)
50 ml	Kondensmilch
40 g	Honig
35 g	Orangeat
15 g	Zitronat
1 Pk.	Vanillezucker

Florentiner oder Sesamkonfekt

Zucker, Butter, Honig, Vanillezucker und Kondensmilch werden bei Hitze gerührt, bis der Zucker goldbraun ist. Dann Mandeln und Früchte unterrühren. Die noch warme Masse mit dem Esslöffel auf ein mit Backpapier belegtes Blech auftragen und kreisförmig glatt streichen (je sieben Zentimeter Durchmesser, Löffel vorher in Öl tauchen). Florentiner ca. 15 bis 20 Minuten bei 155 Grad im vorgeheizten Ofen backen. Orangeat, Zitronat und Mandeln können durch Wal- oder Haselnüsse, Sultaninen, Sesamsamen oder andere Trockenfrüchte ersetzt werden. Statt kreisrunder Formen lassen sich auch eckige Stücke gestalten. Dafür die warme Masse auswalzen und warm in Stücke schneiden.

Gebäck der Medici

Das süße Konfekt, das auch die Medici, die Herren von Florenz, so liebten, ist eine italienische Erfindung. Der spätere Sachsen-Kurfürst und Polen-König August der Starke (1670–1733) lernte es bei seiner Kavalierstour kennen. Auch sein Sohn Friedrich August II. von Sachsen (1696–1763) schätzte die Florentiner als aristokratischen Leckerbissen. Die Frauen der zum Bau seiner Katholischen Hofkirche (1751 geweiht) nach Dresden geholten italienischen Handwerker verrieten die Rezeptur heimischen Zuckerbäckern.

Großröhrsdorfer Spekulatius

Zutaten für 30 bis 40 Spekulatius:

100 g	Butter (nicht zu fest)
125 g	Zucker
3 g	Zimt, je eine Messerspitze gemahl. Kardamom u. Nelken
1	Ei
1 Tl.	Backpulver
1 Pk.	Vanillezucker
250 g	Weizenmehl

Für Bodendekoration etwas Milch und ca. 100 g gehobelte Mandeln.

Die Zutaten mit Handrührgerät und Knethaken zu einem festen Mürbeteig verarbeiten, kühlen. Anschließend den Teig in eine bemehlte Holzform (Model) drücken. Mit einem Messer überflüssigen Teig abschneiden, Teigstücke herausklopfen. Zur Verfeinerung die glatte Rückseite mit Milch bestreichen, in gehobelte Mandeln tauchen und aufs Backblech setzen. Im vorgeheizten Backofen bei ca. 175 Grad 20 Minuten goldbraun backen. Statt Holzformen können bei dünn ausgerolltem Teig Ausstechformen benutzt werden.

Spekulatius

Dieses knusprige, einst nur in handgeschnitzten Modeln aus Lindenholz geformte Gebäck zählt zu den Rennern der Weihnachtszeit. Den lateinischen Wortstamm (speculator – Aufseher) des dünnen würzigen Kekses bringt man mit dem Bischof von Myra in Lykien, dem hl. Nikolaus aus dem 4. Jahrhundert, in Verbindung. Ihm zu Ehren wurde der Spekulatius um 1750 zuerst in Holland gebacken und kam über Thüringen nach Sachsen, wo die Tradition seiner Herstellung bis heute vor allem von Großröhrsdorfer Bäckern in Ehren gehalten wird.

Zutaten für ca. 80 Plätzchen:

Heller Mürbeteig

400 g Weizenmehl
250 g Butter
125 g Puderzucker
100 g grober Zucker
1 Eigelb
1 Pk. Vanillezucker

Schokoladenmürbeteig

250 g Weizenmehl
200 g Butter
100 g Puderzucker
25 g Kakaopulver

Heidesand und Schwarzweiß-Gebäck

Hellen und dunklen Teig getrennt herstellen. Gesiebter Puderzucker, nicht zu weiche Butter, Eigelb oder Kakaopulver werden mit dem Handrührgerät gut vermischt, das gesiebte Mehl untergewirkt. Der Teig muss in kürzester Zeit fertig gestellt sein, wird dann sofort kalt gestellt, damit er sich zu Rollen von ca. 3,5 Zentimeter Dicke und 20 Zentimeter Länge sowie zu ca. ein Zentimeter dicken Teigplatten verarbeiten lässt. Eine Rolle vom hellen Teig wird in grobem Zucker gewälzt – für die dicke Zuckerkruste des hellen Heidesandes! Die hellen und dunklen Teigrollen halbiert bzw. geviertelt mit Eiweiß bestreichen und wieder zusammensetzen, mit Teig umhüllen, ebenso die Teigplatten. Daraus entstehen diverse Muster. Die neu entstandenen Teigrollen und Platten gut kühlen, in drei bis fünf Millimeter dicke Scheiben schneiden und bei mittlerer Hitze von 190 Grad ca. 10 bis 14 Minuten hellgelb backen.

Heidesand

Die von holländischen Konditoren übernommene Tradition der Herstellung von Sandgebäck wurde in Sachsen verfeinert. In Anlehnung an das rund 50 Quadratkilometer große Waldgebiet mit seinen mächtigen Sanddünen im Norden der Königlichen Haupt- und Residenzstadt kreierte man den „Dresdner Heidesand". Es versteht sich von selbst, dass einst auch die Dresdner Heide-Gaststätten Fischhaus (seit 1650), Heidemühle (seit 1843) und Hofewiese (seit 1869) solches Gebäck zu Kaffee und Tee reichten.

Zutaten für einen Kalten Hund:

250 g	Butterkeks
500 g	Fettglasur, Kuvertüre

oder selbst hergestellte

Schokoglasur

200 g	Puderzucker
50 g	Kakaopulver
20 ml	Weinbrand
250 g	Kokosfett
4	Eier
50 g	gemahlene Haselnüsse

Kalter Hund

Der von Hobbykonditoren schnell zu „backende“ Schichtkuchen aus Keksen und Schokolade in Form eines leckeren Quaders gehört zu Sachsens Haus-Rezepten, die schon Uroma kannte. Vielleicht hat er seinen Namen von dem im Erzbergbau durch Bergleute benutzten länglichen viereckigen, oben offenen, auf vier Rädern ruhenden Kasten. Der wurde zur Förderung auf Stollen oder Strecken benutzt, „Hunt“ genannt. Das kalt zu verzehrende und zur Hälfte schwarze Gebäck könnte aber auch ein Hinweis auf die kalte Hunde-Nase sein – als Zeichen für die Gesundheit des Vierbeiners. Auf jeden Fall lässt sich die Urheberschaft des Gebäcks nicht mehr klären.

Kokosfett bei schwacher Hitze schmelzen. Eier schaumig schlagen, Puderzucker nach und nach zugeben, zum Schluss Kakao, Haselnüsse und Weinbrand. Die gut temperierte Glasur in kleine Kastenbackform (mit Backpapier ausgelegt) geben und leicht kühlen. Darauf legt man die Kekse dicht aneinander, gibt wieder eine Schicht Glasur drauf und kühlt. Im Allgemeinen reichen drei bis vier Schichten Kekse. Nach gutem Kühlen Backform stürzen, Papier entfernen, mit bunten Schokolinsen verzieren.

Zutaten für 70 bis 80 Makrönchen:

400 g	Marzipan-Rohmasse
250 g	Puderzucker
250 g	Kokosraspel
5	Eiweiße
2 El.	Rum
85 g	Zucker
½	Zitrone (nur gerieb. Schale)

Königs-Makrönchen

Die ältesten Makronen wurden vermutlich mit Mandeln gebacken und kamen im 17. Jahrhundert aus Italien über die Schweiz und Frankreich nach Sachsen. Dafür spricht auch das 1744 an die Lebküchler-Zunft von Straßburg gerichtete Schreiben des Pasteten- und Zuckerbäckers Joh. Rud. Burckhardt. Der erklärte, sein Großvater Walter Merian habe zuerst in Basel angefangen, Leckerli und Makronen zu backen. Zuerst nur am Königshof und in vornehmen Bürgerhäusern genossen, waren die „Kokosnuss-Makronen" zum Anfang des 20. Jahrhunderts zum süßen Lieblings-Naschwerk der Sachsen avanciert.

Eiweiß mit etwas Zucker und der Hälfte des Puderzuckers zu steifem Schnee schlagen, weiteren Zucker nach und nach zugeben. Marzipan-Rohmasse erst mit wenig Eiweiß-Schnee verrühren, dann mit dem Rest schaumig rühren. Zum Schluss Kokosraspel, übrigen Zucker, Rum und Zitronenschale vorsichtig untermelieren. Teig in einen Spritzbeutel mit grober Lochtülle geben, die Makrönchen auf ein mit Backpapier belegtes Blech dressieren und im Backofen (auf 180 Grad vorgeheizt) ca. 15 bis 20 Minuten goldbraun backen. Die Makrönchen sollen innen weich bleiben.

Zutaten für 10 bis 12 Stäbchen:

Backmasse

100 g	Marzipan
65 g	Staubzucker
30 g	Weizenmehl
1	Eiweiß
	Kondensmilch

Füllung

100 ml	Schlagsahne (flüssig)
80 g	Kuvertüre (klein geschnitten) oder
20 g	Kakaopulver oder
8 g	Kaffee (fein gemahlen)

Radebeuler Stäbchen

Das köstliche Hippengebäck ist eine Referenz an den Konditormeister J. M. Erich Weber (1885–1961). Dieser etablierte in Radebeul seine internationale Konditorei-Fachschule, welche besonders die Ausbildung in künstlerischen Fächern wie Dekors, Eis- und Zuckermeißeln forcierte. Im eigenen Fachverlag erschienen mehrsprachige und prächtig illustrierte Standardwerke, nach denen Konditoren-Meister in ganz Europa noch heute arbeiten.

Backmasse-Zutaten tags zuvor breiig anrühren, mit Kondensmilch verdünnen (bis die Masse läufig ist) und stehen lassen. Masse auf eine ca. 1,5 mm dicke rechteckige Pappschablone (8 x 10 cm) mittels Messer aufstreichen und auf ein gefettetes oder mit Backpapier belegtes Blech stürzen. Im vorgeheizten Ofen bei 150 Grad anbacken, das noch warme Gebäck mit Kuvertüre verzieren, nach kurzem Erkalten mittels Rundstab (∅ ca. 3,5 cm) rollen. Die Röllchen bei 150 Grad ausbacken (Gesamtbackzeit 15 Minuten) und in einer Blechbüchse verwahren. Die Creme für die Füllung einen Tag vor dem Servieren vorbereiten. Dazu Sahne aufkochen, Kuvertüre, Kakao oder Kaffee zugeben, mittels Handrührgerät glatt rühren und kalt stellen. Kalte Creme schaumig rühren, in einen Spritzbeutel mit kleiner Lochtülle geben und in die Röhrchen spritzen.

Zutaten für etwa 15 Keulchen:

Kartoffelmasse

500 g	Kartoffeln
200 g	Speisequark
20 g	Weizenmehl
20 g	Weizenstärke
50 g	Zucker
50 g	Mandeln (gehackt)
2	Eier
1	Prise Salz
1	Zitronenschale (gerieben)

Backfett/Belag

40 g	Butterschmalz oder Palmenkernfett
40 g	Zimtzucker

Bautzner Quarkkeulchen

Die Verwendung von Quark ist typisch für Sachsens Bäckerei und Küche. Eine berühmte sächsische Süßspeise ist das Quarkkeulchen, dessen Ursprung in der Gegend rund um die alte sorbische Stadt Bautzen (Burg um 1002, Stadtrechte spätestens 1158) vermutet wird.

Kartoffeln in der Schale kochen, pellen und im warmen Zustand durch die Kartoffelpresse drücken bzw. reiben. Mit dem Handrührgerät alle Zutaten zu einem glatten Teig kneten. Mit bemehlten Händen kleine flache Keulchen formen und in der Pfanne oder Tiegel im erhitzten Fett goldgelb backen. Mit Zimtzucker bestreuen und warm servieren. Der Genießer verzehrt seine Quarkkeulchen mit Apfelmus oder anderem Obst.

Zutaten für einen runden Auflauf:

Kartoffelmasse

1500 g	Kartoffeln (roh)
500 g	Kartoffeln (gekocht)
250 g	Schinkenwürfel
150 g	Backpflaumen
40 g	Weizenmehl

Bindeteig

1000 ml	Milch
3	Eier
1	Prise Salz

Dekor

2	Brötchen

Plauener Aschkuchen-Auflauf

Diese Kreation hat wie viele Erdäpfel-Spezialitäten ihren Ursprung im sächsischen Vogtland, rund um Plauen. Schon lange bevor die Plauener Spitze 1900 auf der Weltausstellung in Paris mit dem Grand Prix ausgezeichnet wurde und die Stadt weltberühmt machte, zauberten Hausfrauen mit Hilfe der glühenden Asche des Herdes diesen Auflauf. Der Name Aschkuchen könnte aber auch von Escheholz-Näpfen abgeleitet sein, in dem er serviert wurde.

Gekochte, ausgekühlte Kartoffeln durch eine Kloßpresse drücken, rohe Kartoffeln reiben. Beide mit Mehl vermischen. Backpflaumen entsteint zerkleinern und mit Schinkenwürfeln unter den Kartoffelteig heben, mit Salz und Pfeffer abschmecken, Teig in Auflaufform (26 cm Durchmesser) geben. Brötchen in Scheiben schneiden und Oberfläche gleichmäßig damit bedecken. Milch mit den Eiern verquirlen und über die Brötchenscheiben gießen. Auflauf im vorgeheizten Backofen 70 Minuten bei 210 Grad backen.

Dresdner Stollenfest

Sachsens Spezialitätenbäcker Dr. Quendt

Das knusprig-würzige Dresdner Russisch Brot, der zuckrig-süße Weihnachtstraum aus bester Butter, Rosinen und Mandeln des Echten Dresdner Christstollens, die schokoladigen Dinkelchen oder die knackige Frische der verführerischen Karlsbader Oblaten: Hochgenuss, Unverwechselbarkeit und handwerkliche Tradition machen die Köstlichkeiten des Dresdner Spezialitäten-Hauses Dr. Quendt aus. Freunde edlen Gebäcks auf der ganzen Welt schätzen, was Meisterhände von Konditoren und Zuckerbäckern des bekanntesten sächsischen Backwaren-Herstellers mit viel Liebe zaubern. Aus 130-jähriger Tradition schöpfend, bewahrt das Familien-Unternehmen sorgsam alte Backtraditionen und bereichert mit neuen Markenartikel-Kreationen die Palette des deutschen und internationalen Naschwerks.
Die Geburtsstunde dieser lukullischen Biskuit- und Gebäckvariationen schlug schon im alten Elbflorenz des 19. Jahrhunderts.

Anschnitt des Riesenstollens beim alljährlichen Stollenfest im Dezember auf dem berühmten Dresdner Striezelmarkt. Das 4,34 Meter lange, 1,77 Meter breite und 0,74 Meter hohe Pracht-Exemplar (3341 Kilogramm schwer) des Jahres 2014 wurde u. a. aus 1,2 Tonnen Mehl, 750 Kilogramm Butter, 200 Kilogramm Zucker, 80 Litern Rum und mehr als 1,5 Millionen Sultaninen gebacken.

Mit einem Hoflieferanten des Kaisers fing es an

In einem Bauerngehöft an der Kaitzer Straße im Dresdner Vorort Plauen (1903 eingemeindet) gründeten 1876 der Wiener Konditor mit dem klangvollen Titel eines Kaiserlich und Königlich Österreichisch-Ungarischen Hoflieferanten sowie Kaiserlich und Königlich Erzherzoglichen Kammerlieferanten Wenzel Hromadka und der Kaufmann H. Vollmann die „Original Wiener Waffel-, Hohlhippen-, Bisquit- etc. Special-Fabrik“. Schnell avancierten ihre schmackhaften Erzeugnisse auch bei Sachsens Königshaus zum Lieblingsgebäck und die beiden Besitzer zu geachteten Königlichen Hoflieferanten.
Die Firmenchronik berichtet von Höhen und Tiefen. Besitzer wechselten, Kriegs-, Krisen- und Mangeljahre waren zu überstehen. Doch erhalten blie-

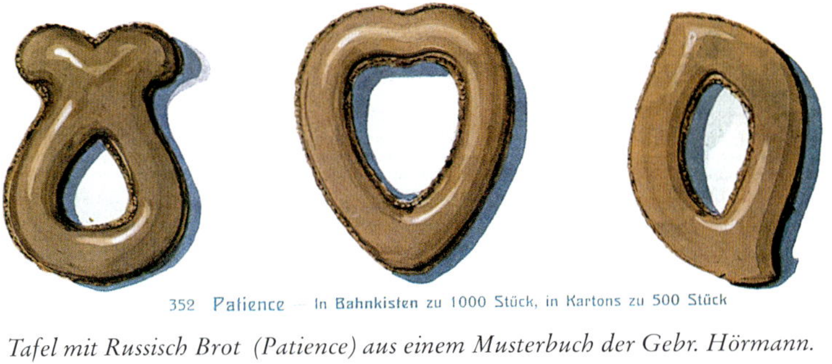

Tafel mit Russisch Brot (Patience) aus einem Musterbuch der Gebr. Hörmann.

Das 1876 gegründete Vorgänger-Unternehmen der Dresdner Spezialiäten-Bäckerei Dr. Quendt.

ben die alten Rezepturen und engagierte Mitarbeiter. 1905 übernahm Konditor Richard Wiedner den Betrieb. Er erweiterte im I. Weltkrieg auch Gärten und Gewächshäuser mit seltenen Baum- und Straucharten. Aus deren Obst entstanden in der eigenen Fruchtküche Konfitüren und Fruchtmassen zur Verfeinerung der Gebäcksorten. Erst 1970 fällte man den letzten aus Asien stammenden Sauerkirschbaum (Schwarzkirsche), dessen Früchte einen sehr feinen Bittergeschmack aufwiesen.

Alte Rezepturen überstehen alle Mangeljahre

Verpackung von Russisch Brot in der DDR der 1980er Jahre.

Im Jahre 1937 pachteten die Dresdner Waffelbäcker Max und Gerhard Berger mit dem stillen Teilhaber Böhme den Familienbetrieb und firmierten unter „Berger & Böhme“. Im Inferno von Dresden am 13./14. Februar 1945 beschädigten Stabbrandbomben Teile der Produktionsanlagen. In der Folgezeit konnte die Produktion jedoch mit fettarmen Roggenkeksen, Knusperbrot, Waffeln sowie glasierten Mohnsemmeln für die neu gegründete Handelsorganisation „HO“ wieder aufgenommen werden. Unter dem Namen „Berbö“ wurde ein Lebkuchen-Baumbehang und ab 1960 Russisch Brot gebacken. Mit der Zwangsverstaatlichung 1972 entstand der „VEB Rubro“, welcher 1974 zum „VEB Elite Dauerbackwaren Dresden“ kam.

Die gefertigte Menge an Russisch Brot deckte nie den Bedarf. Deshalb entwickelte bis 1989 ein Forscherteam um Dr.-Ing. Hartmut Quendt eine neue Russisch-Brot-Maschine. Mit der Auflösung des „Volkseigenen Betriebes“ kam 1990 das Aus für die Produktion.

Konditor Dr. Quendt setzt die Tradition fort

1991 kaufte der Konditor und Lebensmitteltechniker Dr. Hartmut Quendt (geb. 1940) die Industriebrache Kaitzer Straße 92/94, gründete am 1. Juli die „Dr. Quendt Backwaren GmbH“ und startete mit 13 Mitarbeitern an der von ihm entwickelten Russisch-Brot-Maschine die Produktion. In seiner Familie hatte das Zuckerbäckerhandwerk Tradition. Mütterlicherseits entstammt er einer Konditorenmeisterfamilie, die zu ihren Ahnen Reformator Martin Luther (1483–1546) zählt.

Zum Anbeißen! Eine Zuckerbäckerin pudert den Dresdner Christstollen® von Dr. Quendt.

Auch Hartmut Quendt lernte Konditor. Doch nach dem Abendschul-Abitur studierte er an der Technischen Universität Dresden von 1961 bis 1967 Lebensmitteltechnik, blieb als Oberassistent an der Universität, promovierte 1972 und ging schließlich in die Industrie.

Zusammen mit Ehefrau Heidemarie Quendt (geb. 1943) baute er seit Anfang der 1990er Jahre seine hochmoderne Spezialitätenbäckerei auf. Zu „Russisch Brot“ kamen zuerst die „Echten Dresdner Christstollen“. 1999 übernahm Dr. Quendt nach dem Tod des Schokolatiers Herbert Wendler (1912–1998) dessen

Die Stollen-Bäckerei bei Dr. Quendt ist reine Handarbeit.

Süßwarenfabrik und setzte die Herstellung der „Dominosteine" in Dresden fort. In der heutigen Tschechischen Republik fand er einen Partner, der nach Dr. Quendts strengen Qualitätskriterien und Zutatenvorgaben die feinsten „Karlsbader Oblaten" bäckt. Aus zuerst nur wenigen Markenartikeln entstand so ein vielfach durch DLG-Medaillen prämiertes Sortiment von verführerischem Süßgebäck bis hin zu knusprig herzhaften Snacks. Im Jahre 2000 wurde dafür am südlichen Dresdner Stadtrand und an der Autobahn 17 eine neue Spezialitätenbäckerei errichtet. 2006 übernahm Sohn Matthias Quendt (geb. 1967) die Geschäftsführung.

Die Genuss-Manufaktur unter dem Dach der Lambertz-Gruppe

Seit Juni 2014 ist die Aachener Printen- und Schokoladenfabrik Henry Lambertz GmbH & Co. KG von Alleininhaber Prof. Dr. Hermann Bühlbecker (geb. 1950) Eigentümer der Dr. Quendt GmbH & Co. KG. Der Weltmarktführer bei Herbst- und Weihnachtsgebäck wie Printen, Lebkuchen, Dominosteine, Zimtsterne, Pfeffernüsse und Spekulatius ist ein Familienunternehmen, dessen „Urgründer" Zacharias Kreinsz im Jahre 1688 die Konzession für eine Bäckerei am Markt zu Aachen erhielt. Rund 3500 Mitarbeitern in 20 Süßwarenfirmen an sieben Produktionsstandorten (auch im polnischen Katowice) arbeiten für die Lambertz-Gruppe, welche zu den dominierenden deutschen Herstellern für Backwaren zählt. Ihre umfangreichen Kompetenzen umfassen neben den Saisonartikeln z. B. Schokoladenerzeugnisse, Florentiner, Gebäckmischungen, gefüllte Waffeln, Pralinen und Marzipan, Bio-Produkte oder Vital-Gebäcke für Wellness, Fitness und Diät. Unter ihrem Dach sind neben der 1831 von Johann Werner Lambertz (1802–1866) ins Leben gerufenen Stamm-Firma so traditionsreiche Unternehmen wie „Haeberlein" (seit 1492) und „Metzger" (seit 1586) aus Nürnberg, „Kinkartz" (seit 1872) aus Würselen oder „Max Weiss" (seit 1925) aus Neu-Ulm vereint. Mit Dr. Quendt verfügt der charismatische Aachener Diplom-Kaufmann Dr. Hermann Bühlbecker, der 1978 den Betrieb seiner Familie übernahm, dessen karitatives Engagement weltweit Beachtung findet und der als Honorarkonsul der Elfenbeinküste engste Kontakte zum größten Kakaoproduzenten hält, nun über alle drei führenden Marken mit großen Herkunftsbezeich-

Lambertz-Chef Prof. Dr. Hermann Bühlbecker wacht persönlich über die unvergleichliche Qualität der Original Dresdner Stollen.

nungen im Backwarenbereich: Aachener Printen, Nürnberger Lebkuchen und Dresdner Stollen. Die Lambertz-Gruppe eröffnet der größten sächsischen Köstlichkeit, dem Dresdner Stollen®, von dem bereits die Hälfte der Jahresproduktion bei Dr. Quendt gebacken wird, völlig neue Horizonte.

*

Prof. Dr. Hermann Bühlbecker von der Lambertz-Gruppe, die Dr. Quendt-Spezialitätenbäcker, Verlag und Autor sind den Lesern dieses Buches für Hinweise zu den hier publizierten Rezepten und eigenen Back-Erfahrungen sehr dankbar. Denn nur im liebevollen Miteinander von Bäckern und Kunden schufen unsere Vorfahren die zahlreichen Kuchen- und Gebäckvariationen, die Sachsen zur Backstube Deutschlands machten.

Quellen

Allmann, O.: Geschichte der deutschen Bäcker- und Konditoren-Bewegung (2 Bände). – Eigenverlag Hamburg 1910

Der Altar der Annaberger Bäcker in der St. Annenkirche zu Annaberg. – Ev.-Luth. Pfarramt St. Annen Annaberg-Buchholz 1996

Arras, Paul: Beiträge zur Geschichte der Bäcker-Innung zu Bautzen. – Eigenverlag Bautzen 1928

Benath, Christian; Berchner, Günter; Heil, Ulrike: Die Bäcker von Meißen. – Eigenverlag der ELG Bäcker Meißen 1985

Gräff, Werner (Hrsg.): Der Bäcker. – Sanssouci Potsdam-Berlin 1935

Helfricht, Jürgen: 125 Jahre Dresdner Backspezialitäten 1876 – 2001. 10 Jahre Dr. Quendt Backwaren GmbH 1991 – 2001. – Dr. Quendt Backwaren GmbH Dresden 2001

Helfricht, Jürgen: Die Wettiner – Sachsens Könige, Herzöge, Kurfürsten und Markgrafen (Taschenlexikon). – Edition Dr. Helfricht Radebeul 6., aktualisierte und erweiterte Auflage 2024

Helfricht, Jürgen: Dresdner Kreuzchor und Kreuzkirche – Eine Chronik von 1206 bis heute. – Husum Husum 2004

Helfricht, Jürgen: Kleines Dresden-ABC. – Husum Husum 2., vollständig überarbeitete Auflage 2014

Helfricht, Jürgen: Sehnsucht nach dem alten Dresden. Zeitzeugen erinnern sich der unzerstörten Stadt. – Verlags- und Publizistikhaus Dresden 2005

Kreutzkamm, Fritz: Die Chronik des Hauses Kreutzkamm. – Eigenverlag München 1975

Lackenberger, Anita: Wir backen Lebkuchen. – Leopold Stocker Graz 1996

Lämmel, Reinhard: Kulinarische Audienz am sächsischen Hof. – Altis Berlin 1991

Martin, Andreas: Seltenes Handwerk in Sachsen – Pfefferküchler. – Sächsisches Druck- und Verlagshaus Dresden 1996

Pelshenke, Paul: Gebäck aus deutschen Landen. – Gildeverlag Alfeld 1949

Rumpolt, Marx: Ein new Kochbuch. – Edition Leipzig 1976, Neudruck der Ausgabe Frankfurt 1581

Schwarz, Julius: Bäcker, Lebküchner und Konditoren – Zur Kulturgeschichte des Backgewerbes. – Echter Würzburg 1988

Sincerus, Alexius: Der wolbestehende Becker. – Nürnberg 1713

Süßenguth, Mario: Der kulinarische König – Essen und trinken wie August der Starke. – Eulenspiegel Berlin 2004

Tietz, Oda: Backen wie in Sachsen. – Verlag für die Frau Leipzig 1995

Vogel, Emil Ferdinand: Historische Erläuterungen über den Ursprung und Fortgang des Zunftwesens bei den Bäcker-Innungen in Deutschland überhaupt und in der Stadt Leipzig insbesondere. – Goetz Leipzig 1843

Weber, J. M. Erich: Schule und Praxis des Konditors. – J. M. Erich Weber Radebeul-Dresden 1927

Weidler, Felix: Zwanzig Jahre Geschichte der deutschen Bäcker- und Konditoren-Bewegung 1909 – 1928 (2 Bände). – A. Lankes Berlin 1929–1930

Inhalt